服装店铺零售管理实训教程

服装门店销售“九连环”

江学斌　主　编
李伟群　陈惠文　吕咏梅　副主编

中国纺织出版社

内 容 提 要

本书以掌握服装导购和销售的实战技能为出发点，结合大量的终端销售案例和实用销售技巧，讲述了服装门店销售的相关知识。全书包括角色认知、顾客心理分析、售前准备、迎接顾客、了解需求、商品介绍、顾客体验、连带销售、异议处理、临门一脚、售后服务共十一章内容。

本书在服装销售理论和实践方面有独特的见解和深入的分析，通过系统地讲解，可以使读者更好地掌握销售相关技能，帮助读者快速成长为销售高手。

本书可作为职业院校连锁经营与门店销售专业类教材，也可作为连锁企业在职人员岗位培训教材或连锁企业的导购自学用书。

图书在版编目（CIP）数据

服装门店销售"九连环"/江学斌主编. —北京：中国纺织出版社，2016. 11

服装店铺零售管理实训教程

ISBN 978-7-5180-2997-6

Ⅰ. ①服… Ⅱ. ①江… Ⅲ. ①服装—商店—销售管理—中等专业学校—教材 Ⅳ. ①F717. 5

中国版本图书馆 CIP 数据核字（2016）第 234493 号

责任编辑：张思思　　责任校对：王花妮
责任设计：何　建　　责任印制：何　建

中国纺织出版社出版发行
地址：北京市朝阳区百子湾东里 A407 号楼　邮政编码：100124
销售电话：010—67004422　传真：010—87155801
http://www. c-textilep. com
E-mail：faxing@ c-textilep. com
中国纺织出版社天猫旗舰店
官方微博 http://weibo. com/2119887771
北京通天印刷有限责任公司印刷　各地新华书店经销
2016 年 11 月第 1 版第 1 次印刷
开本：787×1092　1/16　印张：10. 5
字数：208 千字　定价：32. 00 元

前 言

随着市场竞争的加剧，导致买方市场的形成，销售终端的地位日益上升；又随着互联网的发展，实体门店销售和网店销售的竞争日益加剧。实体门店销售有着网店销售无法比拟的优势，如产品的真实体验、顾客和导购面对面洽谈的信任感、店内导购的贴心服务、店面的陈列能马上吸引顾客，还有实体店的风格和味道能培养顾客的消费习惯和生活方式。门店导购的作用越来越受到各个品牌的重视，因此优秀导购也成了各品牌的紧缺人才。

本书以优秀导购的培养和修炼为出发点，门店销售内容直接与企业需求接轨，帮助读者掌握终端门店销售技能，让读者在学中做，做中学，理论与实操相结合。本书特点如下：

（1）本书首先安排导购角色认知、顾客心理分析，然后把门店销售工作环节整理成门店销售“九连环”，把销售工作进行系统化整理，易学、易懂、易实践。

（2）本书按照门店销售“九连环”来确定教学章节，确定教材核心技能知识和实操训练，按照章节导学、学习目标、案例导入（或问题导入）、基础知识、销售情景解析、实操训练这一主线组织教学内容。全书比较侧重实操，实用性强。

（3）本书每一节开头都安排案例导入（或问题导入），每一个知识点都配有情景解析，把现实门店经常发生的棘手问题的解决方法融合到各个知识点的情景解析中，让学生如身临其境般去学习解决销售中的棘手问题。

（4）本书注重开发各种销售话术，帮助应对各种销售问题。

本书建议安排88课时（5学分）其中含实操训练44课时，课时的具体分配建议如下表所示：

章节	课程内容	授课课时	含实操训练课时
第一章	角色认知	6	2
第二章	顾客心理分析	8	4
第三章	门店销售“九连环”之一——售前准备	8	4
第四章	门店销售“九连环”之二——迎接顾客	10	5
第五章	门店销售“九连环”之三——了解需求	8	4
第六章	门店销售“九连环”之四——产品介绍	10	5
第七章	门店销售“九连环”之五——顾客体验	8	4
第八章	门店销售“九连环”之六——连带销售	8	4

续表

章节	课程内容	授课课时	含实操训练课时
第九章	门店销售“九连环”之七——异议处理	8	4
第十章	门店销售“九连环”之八——临门一脚	8	4
第十一章	门店销售“九连环”之九——售后服务	6	4
合计		88	44

本书由东莞市纺织服装学校江学斌担任主编，由陈惠文、李伟群负责统稿和各章节实训设计，具体各章节编写分工如下：陈惠文负责第一章、第二章编写，邓琦负责第三章、第四章编写，姚林负责第五章、第六章编写，吴晓娜负责第七章、第八章编写，雷江华负责第九章、第十章编写，唐玲负责第十一章编写。本书在编写中得到了深圳鹏威管理咨询有限公司著名终端实战训练专家吕咏梅老师的大力帮助和支持，吕老师提出了许多宝贵意见和建议，在此表示感谢。

此外，本书在编写过程中参考了国内外专家、网站的一些材料，选取了一些有益的内容，在此一并表示感谢。

由于编写时间仓促，加上编著者水平有限，书中难免有不足之处，敬请广大读者斧正。

编者

2016 年 9 月

目 录

第一章　角色认知

章节导学：

“角色＝人格＝能力”，生活中自我的角色定位是非常重要的，一个优秀的导购员在引导顾客购买过程中需要同时扮演多重角色。本章着重介绍导购员的八大角色以及必须具备的能力素养，从而帮助读者快速了解导购工作。

学习目标：

1. 认知导购角色。
2. 熟悉导购八大角色的要求。
3. 掌握优秀导购应具备的条件。
4. 懂得如何成长为一名优秀的导购。

第一节　导购角色认知

【案例导入】

案例一：汶川大地震中一位母亲的故事

这是一个真实的故事。在汶川大地震中，搜救人员在垮塌的房子下面发现一对母子，母亲用自己的身体为不足4个月大的孩子撑起了生存的空间，孩子毫发未损，抱出来的时候，他还安静地睡着，他熟睡的样子让所有在场的人感到了温暖。当随行医生解开被子准备给孩子做检查时，发现有一部手机塞在被子里，医生下意识地看了下手机屏幕，发现是一条已经写好的短信：亲爱的宝贝，如果你能活着，一定要记住我爱你。

案例二：一位女性在面对害怕的动物时的不同表现

场景一：小柔是位年轻、漂亮的妈妈，因为小时候被蛇咬过，所以她对蛇有深深的恐惧感。有一天傍晚，她和老公在公园散步，走到树林深处，草丛里爬出一条蛇，吓得小柔大声尖叫，两腿发软，脸色苍白，想躲到老公身后，老公却被吓得顾不上小柔，自己跑开了，小柔回去后跟老公大吵了一架。

场景二：小柔带3岁的儿子去小河边钓鱼，正玩得开心，突然听到儿子的尖叫声，一看，原来是一条蛇爬到了儿子的鞋子上，小柔来不及思考，马上捡起树枝把蛇拨开，抱着孩子跑到远处去安抚。

思考：

为什么地震中的妈妈能够用瘦弱的身躯支撑起倒塌的石板？

为什么小柔跟老公在一起看到蛇时会大声尖叫？当蛇爬到儿子的鞋上时，她却毫不犹豫地能把蛇拨开？

在这两个案例中，我们发现，女人在男人面前扮演的是被保护者的角色，期待被呵护、被照顾，但是在孩子面前，她扮演的是妈妈这一保护者的角色，变成了孩子的保护神，并被激发出了无限的潜能。所以，“角色＝人格＝能力”，每个人都在扮演着多重角色，生活中自我的角色定位是十分重要的，扮演每个角色都会有不同的要求，能够迅速转换角色，就能在不同的环境中处理事情时变得游刃有余，最终获得成功。

对于女性导购而言，在父母面前你可能是个撒娇的孩子，在兄弟姐妹面前可能是个受宠的妹妹，在男友面前可能是个任性的小女人，但是，一旦扮演导购这一角色的时候，就失去了任性、抱怨和推卸责任的权利，面对顾客，导购应展现的是微笑、热情、细心和包容的服务。

导购，从某种意义上来讲，是处于某一特殊环境中的业务员，是直接面向顾客的终端业务员。导购在具体的工作中通过现场恰当的举止和优质的服务，给顾客留下美好的印象，从而树立良好的品牌形象和企业形象，促使顾客当场购买或在未来形成购买冲动；同时，导购又负责所在卖场的终端建设与维护，并维护客情关系。

导购的主要职责就是帮助消费者做出决定，实现购买。导购工作是完成整个销售工作的重要环节，是实现商品与货币交换的过程，要有充足的理由让顾客愿意购买商品，并让顾客感到所购买的商品是物超所值的。所以，一个优秀的导购在引导顾客购买商品的过程中需要扮演多重角色。

第二节　导购的八大角色

【问题导入】

我们每个人每天需要扮演多少种不同的角色？

想成为一名成功的导购，需要扮演好哪些角色？

人生是个大舞台，人在一生中会扮演很多种角色，而每一种角色，都意味着相应的责任和义务。一名成功的导购，在门店需要扮演好以下八大角色：形象代表、陈列师、商品专家、专业顾问、销售高手、服务大使、情报员、快乐使者。

一、形象代表

1. 扮演好形象代表的重要性

导购是顾客直接接触到的能代表品牌的人，导购的一举一动、一言一行，除了体现个人的修养、素质之外，还代表着品牌的形象，在未深入了解商品之前，顾客对品牌的感知直接来自于导购给他的感觉和印象。导购良好的服务可以提高商品品牌知名度以及能为品牌培养大批忠诚的顾客，因此优秀的导购要时时刻刻注意自己的言行举止，让顾客信赖，从而乐于再次光临。

2. 如何扮演好形象代表

（1）良好的职业形象。

（2）热情的迎宾接待。

（3）得体的行为举止。

（4）专业的商品介绍。

二、陈列师

1. 扮演好陈列师的重要性

服装陈列是否美观以及能否引起顾客的购买欲望，对销售额有直接的影响，这是众多品牌和商家极度重视商品陈列的原因之一。

2. 如何扮演好陈列师

（1）陈列的技法及基本知识。

（2）陈列创意：模式、道具开发、橱窗设计。

（3）陈列管理：团队、部门架构、陈列标准、陈列流程。

（4）陈列的培训：陈列技能、陈列标准与管理。

三、商品专家

1. 扮演好商品专家的重要性

要想推销出商品首先要懂得商品，懂得越多，越容易使顾客信服。商品的相关知识可以通过网上查询、看商品培训手册、参加培训等方面来获取。在介绍商品时，一定要有针对性，向顾客传递他想要的内容。

2. 如何扮演好商品专家

（1）熟悉商品的基本功能、卖点。

（2）了解商品生产流程和特殊工艺。

（3）善于发掘商品的独特卖点。

（4）深入挖掘商品可以为顾客带来的利益。

（5）清楚商品的优劣势。

（6）了解竞争品牌的商品价格、工艺、卖点、优劣势。

四、专业顾问

1. 扮演好专业顾问的重要性

一名优秀的导购，不仅在服务、业绩上有好的表现，同时还应该是顾客的专业顾问，要站在顾客的立场上给予他们最多的商品咨询及帮助，要成为顾客最信任的专家和顾问。

2. 如何扮演好专业顾问

导购需了解所销售商品的特性、使用方法、用途、功能、价值以及将会给顾客带来的好处，并为顾客提供最好的建议与帮助。

五、销售高手

1. 扮演好销售高手的重要性

销售向来是“以业绩论英雄”，品牌商依靠导购、营销手段和促销方式将商品销售给顾客，商品的销量在很大程度上取决于导购的销售能力，销售能力强、业绩好的导购员，收入高、地位高，晋升的机会也更多。

2. 如何扮演好销售高手

（1）销售前：卖场布置，氛围营造，顾客挖掘。

（2）销售中：热情服务，专业顾问，连带销售。

（3）销售后：礼貌送客，客情维护，二次销售。

六、服务大使

1. 扮演好服务大使的重要性

随着工业和信息技术的发展，商品同质化越来越严重，价格越来越透明，电商具备低价和方便两大优势得到迅速发展，市场竞争日益激烈。实体店区别于电商的最大优势在于服务和体验。近年来，门店对服务和顾客体验的投入越来越大，例如，以服务著名的海底捞，秉承“服务至上、顾客至上”的理念，改变传统的标准化、单一化的服务，提倡个性化，致力于为顾客提供“贴心、温心、舒心”的服务。

2. 如何扮演好服务大使

（1）了解所售商品的特性和使用保养方法，为顾客提供良好的建议。

（2）根据顾客需求提供人性化的服务。

（3）售前、售中、售后保持热情一致的态度。

（4）用细节服务来征服顾客，赢得市场。

（5）了解竞争对手，在服务上比对手多做一点。

七、情报员

1. 扮演好情报员的重要性

情报是决定竞争成败的关键要素。导购要做好销售，必须多去了解行业发展动态和竞争品牌等市场信息，及时反馈给公司，做出相应的调整，导购在扮演情报员的过程中要确保信息的时效性、准确性、系统性、针对性、实用性。

2. 如何扮演好情报员

要从下面六个方面向公司反馈市场信息：

（1）当地市场信息。

（2）商品信息。

（3）卖场信息。

（4）竞品信息。

（5）顾客信息。

（6）媒体信息。

八、快乐使者

1. 扮演好快乐使者的重要性

顾客购买的动力在于“逃避痛苦，追求快乐”，导购想要快速成交，一方面要解决顾客的问题，满足顾客的需求；另一方面，在销售过程中，导购要营造愉快的销售氛围，让顾客买得开心，激发顾客的购买热情。只有导购拥有积极乐观的态度，才能把工作变成一种乐趣，变成一种快乐的销售行为。导购在工作中，要面带微笑，要时刻想到多给顾客带来一些快乐，一些赞美。让顾客高兴，自己也心情愉快。

2. 如何扮演好快乐使者

（1）不把坏情绪带给顾客和身边的人。

（2）怀着感恩、愉快的心情去工作。

（3）把顾客当成朋友，关心顾客。

第三节　优秀导购修炼

【问题导入】

当你是一名顾客时，你最喜欢的导购是什么样的？有没有一名导购，几年过后，仍然让你记忆犹新？

同样的导购工作，同样的上班时间，同样的商品销售，为什么有人业绩高，有人业绩低？为什么有的导购能跟顾客成为朋友，被顾客信赖，让顾客长期光顾，而有的导购在商品成交后与顾客再无关系？

一、顾客最喜欢的导购类型

1. 尊重别人

任何人都喜欢被尊重，特别是顾客更希望得到尊重，导购的一个微笑，或是一个不经意的提醒，以及一个细微的肢体语言的表达都会让顾客感觉得到了重视。

2. 热情开朗

顾客都喜欢热情的导购，这类导购乐于助人，懂得倾听，不会急于反驳顾客的观点。即使顾客的观点是错误的，也会等到顾客讲完了以后再进行解释，而不是在顾客提出意见的时候急于争辩。

3. 坦诚负责

当顾客提出问题或进行投诉时，导购会勇于承担，绝不推卸责任，聪明的导购会先处理顾客情绪，然后询问顾客比较满意的解决方法或者提出自己的解决意见，不会为了逃避责任而把所有的问题都推给别人。

4. 真诚赞美

每个人都喜欢被赞美，特别是顾客更需要被肯定、被支持。在销售过程中，导购应该毫不吝啬地给予顾客诚挚的赞许，以使与顾客的交往变得和谐而温馨。

5. 诙谐幽默

人人都喜欢与机智风趣、谈吐幽默的人交往，而不愿同动辄与人争吵，或者郁郁寡欢、言语乏味的人来往。所以，幽默的导购会使顾客感到轻松愉快，进而受到顾客欢迎。导购要注意知识的积累，掌握广博的文化知识，熟练得体地运用幽默的语言为顾客服务，给顾客一种美的享受。幽默语言的运用也有它的禁忌，在运用时要注意忌表意不清，容易引起误会。忌说粗俗伤大雅的幽默话，忌浅薄滑稽，忌尖刻无礼，这样的“幽默”语言，只能使顾客反感。导购在使用幽默语言时要分清对象、看清场合、辨清气氛、讲究分寸与说话艺术，运用好幽默的语言技巧。

二、赶跑顾客的导购类型

导购的负面表现如表 1－1 所示。

表 1－1 导购的负面表现

场面	负面表现和禁忌
售前	（1）双手交叉于胸，翘起二郎腿，斜靠在陈列柜上，手插口袋 （2）导购聚集聊天，打私人电话，嗤笑等 （3）盯着顾客一直看，看不起的态度，说顾客谣言，窃窃私语

续表

场面	负面表现和禁忌
售中	（4）皮笑肉不笑，窃笑 （5）让顾客久等 （6）不说"欢迎光临"，也不鞠躬 （7）不用敬语，言语粗俗 （8）对于售后服务感到厌烦 （9）不郑重说明商品使用和保养方法 （10）表现出焦急的状态 （11）表现出晦暗的脸色及疲倦的状态 （12）不慎重处理商品 （13）强行推销，匆忙总结 （14）不让顾客看包装 （15）信用卡金额栏上，未记入金额便要顾客签名 （16）单手交付找回金额，或将金额置于陈列台上
售后	（17）站在顾客面前背对顾客 （18）不说"谢谢"，也不送客 （19）销售完后不做售后服务

三、优秀导购的特点

1. 面带微笑

导购的面部表情要和蔼可亲，亲切自然。伴随微笑自然地露出8颗牙齿，微笑时要真诚、甜美、亲切、善意、充满爱心。

2. 眼神真诚

面对宾客目光友善，眼神柔和，亲切坦然，眼睛和蔼有神，自然流露真诚的眼神（图1－1）。

图1－1

3. 嘴甜有礼

导购说话时声音要清晰柔和，语速适中，甜美悦耳，富有感染力。说话态度诚恳，语句流畅，语气不卑不亢，好的语言就像一种润滑剂，调节着与顾客之间的关系。导购要具有不计较顾客态度的心态，面对各种顾客使用不同的服务语言，讲究语言技巧，时时处处表现出礼貌的态度，再配合得体的语言，使用门店标准的“六声”服务用语。

（1）来有迎声：

①新顾客：欢迎光临×××品牌，里面请！

②老顾客：××姐/阿姨，好久不见哦！

（2）问有答声：

①是的，如果是我，我也会这样以为。

②是，您说的对。

③是的，您说的有道理。

④是的，我理解您的心情。

（3）商品推介声：

您眼光真好，您看到的这款商品是刚到的新款……

（4）帮有谢声：

①感谢您选择我们的商品。

②感谢您对我们品牌的信任和支持。

（5）怨有歉声：

①真对不起，给您添麻烦了。

②抱歉，浪费了您很多时间。

③感谢您的宝贵建议，今后我们将多注意。

（6）走有送声：

①谢谢光临，请慢走。

②谢谢，期待您再次光临。

学习与模仿很重要，要自然地说服务用语，开始学习时，或许会让人觉得困难，但是学习就是模仿，因此，要反复模仿，持续练习。

实操训练

1. 训练目标

通过学生自己对服务流程的实操演练，让学生对门店销售有一个初步的概念，同时，在实操中体会门店导购所扮演的八种角色。

2. 训练要求

（1）保持良好的仪容、仪表、仪态。

（2）面带微笑，热情待客。

（3）接待过程要热情、大方、自信。

（4）门店销售服务流程基本正确，能相互指出不足之处。

3. 训练准备

（1）营造卖场氛围，准备好销售所需的商品和道具。

（2）以 4～6 人为一个小组，组内成员轮流扮演顾客和导购。

（3）可以准备化妆道具，扮演不同类型顾客，增加趣味性。

4. 训练场景

现在你是一名导购，结合导购的八大角色和优秀导购的行为规范，用自己的理解来接待每一名进店的顾客。

5. 训练评价（表 1－2）

表 1－2　训练评价

项目名称			活动小组			
学生姓名			场景角色			
类别	考核内容	分值	自评	小组评价	教师评价	得分
实操评价	良好的仪容仪表	10				
	面带微笑，礼貌待客	10				
	规范的服务用语	10				
	得体的言行举止	10				
	自信、热情、大方	20				
	服务流程基本正确	20				
	有一定的现场应变能力	20				
	总分					

第二章　顾客心理分析

章节导学：

在销售过程中，不同顾客有不同的行为表现和个人喜好，用同样的方式接待不同的顾客，有时能成功，有时却容易遭到顾客的拒绝。本章重点在于帮助读者掌握不同顾客的消费心理和行为习惯，以便在销售过程中能够对症下药。

学习目标：

1. 清楚顾客购买商品的原因。
2. 掌握顾客购买时的心理变化过程和导购在不同阶段的应对动作。
3. 了解不同消费群体的消费心理及导购攻略。
4. 熟悉四种不同性格顾客的性格特点、行为表现和导购接待技巧。

第一节　顾客购买心理分析

【案例导入】

小王换手机

小王因手机上网速度慢，很想换一部手机。他来到一家手机店，与导购说明来意，导购跟他介绍说："你若想上网速度快，就换一部苹果6手机，我们店刚到了一款苹果6Plus，内存64G的，漂亮的土豪金，很适合你哦！其他手机店都没有现货，只有我们有货的。"小王一看，一阵惊喜，正好他想买内存大点的，可以多存点视频。但再问价格时又觉得贵了点。又再反复比较了三星刚出的S6手机。后来导购给小王综合比较了品牌、外观、内存、照相效果等多方面的因素后，小王还是决定买下金色苹果6Plus手机，并满意地离开了。

讨论：

小王为什么换手机？你能分析小王整个购买过程中的心理变化吗？

一、顾客购买商品的原因

1. 消费需要

（1）需要的含义：当人们意识到缺乏某种东西时会产生一种渴望的想法，这种客观需求的反应就是需要。

（2）消费需要：消费者为了实现自己生存、享受和发展的要求所产生的获得各种消费资料（包括服务）的欲望和意愿。消费需要及其满足程度取决于生产力发展水平。

（3）消费需要的种类：

①按消费种类分类：分为物质生活需要和文化生活需要。所谓物质生活需要，是指人们的吃、穿、住、用、行等方面的生活需要。所谓文化生活，是指人们对教育、学习以及科学、艺术、新闻、出版、体育、旅游、娱乐等方面的需要。

②按需要的层次分类：按照马斯洛提出的需求层次理论（马斯洛需求层次理论是行为科学的理论之一，由美国心理学家亚伯拉罕・马斯洛在1943年在《人类激励理论》论文中所提出）把需要分成五类，由低到高依次为生理需求（吃饭、喝水、休息等）、安全需求（如对保护、秩序、稳定的需求等）、社会需求（爱情、友谊、归属感等）、自尊需求（被肯定、受尊重、赏识等）、自我实现的需求（社会地位、责任、事业有成、圈子等），如图2－1所示。

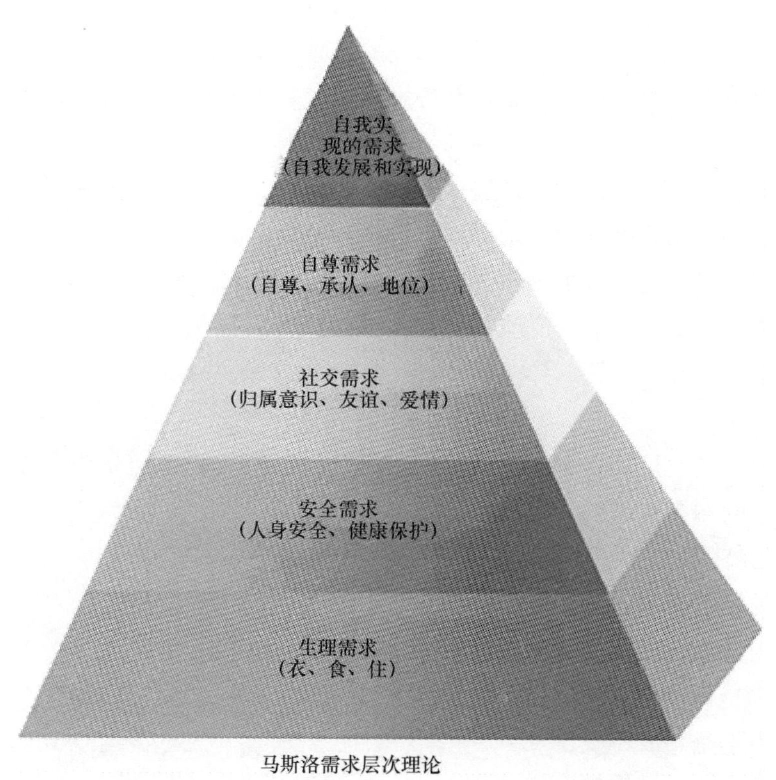

图2－1

不同的消费主体有着不同的需要。同一个消费主体，因年龄阶段和生活范畴不同，表现出来的需要也会有所不同。消费需要是消费者的行为动力源泉。

2. 购买动机

购买动机是直接驱使消费者实行某种购买活动的一种内部动力，反映了消费者在心理、精神和感情上的需求，实质上是消费者为达到需求采取购买行为的推动者。

（1）常见购买动机：

①求实心理动机：顾客追求经济实惠、物美价廉，可先向这类顾客推销低价的商品，介绍商品优势能为顾客带来的好处，满足顾客需求。

②便利心理动机：顾客追求购买和使用上的便利，可向这类顾客展示商品的易用性，进行商品使用方法的演示。

③审美心理动机：顾客追求物质生活水平提高、满足审美情趣，可结合顾客的要求，赞美顾客的眼光高，向顾客推销。

④好奇心理动机：顾客追求新颖、奇特的东西，可注意观察顾客的言行举止。例如顾客问“这件东西是干嘛的，有什么作用”的时候，你可以向她介绍相对高档的新款商品特有的性质，有什么优势，能为顾客带来什么好处或利益。

⑤惠顾心理动机：顾客出于成本节约的考虑，在同一地方重复购买，并形成购买习惯。导购要做到服务周到，向顾客说明店内商品品种繁多、品质优良、价格适当。

⑥偏爱心理动机：顾客对某种品牌有特别的偏爱，可迎合顾客的喜好，展现该品牌的优点。

⑦从众心理动机：顾客赶时髦，追求时尚，随大流，可运用从众成交法，创造众人争相购买的气氛，促成顾客迅速做出购买决策。

⑧习俗心理动机：顾客由于种族、宗教信仰、文化传统和地理环境等因素形成的思想观念和生活方式在消费需求上的反映。导购要抓住顾客的文化需求和生活方式，对顾客进行有针对性的推销。

（2）购买行为：

①购买行为含义：是消费者个人或家庭为满足自己物质和精神需要，在某种动机的驱使和支配下发生的购买商品的实际活动。

②购买行为特征：

- 购买行为是消费者心理活动的外在表现。
- 购买行为受社会群体因素的制约影响。
- 购买行为是一种自主性的活动。
- 购买行为不是一成不变的。

一名优秀的导购，是懂得顾客心理的人，能针对不同顾客运用不同的销售服务技巧。购买过程，是消费者的购买需要、购买动机、购买行为三者统一的过程，三者的相互关系是购买动机建立在购买需要的基础上，而购买动机支配着购买行为。通常，只有人感觉到对某种商品的需要，而且已发展到动机时，才会走到商场购买需要的商品。

二、顾客购买过程中的心理变化

顾客进入商场之前，可能已经有了所想购买的某种商品的形象。它可能是非常具体的某种商品，也可能是很不具体、很模糊的一种概念，只是随便逛一逛，但是这两种情况的最终结果都需要在浏览商品的过程中加以考虑而确定，顾客选购商品的过程实际上是非常复杂的一系列心理活动，他往往是逐渐展开并具有一定阶段性的。在此对顾客的心理活动进行分析，有助于导购的销售活动。

以下是顾客购物的八个阶段：留意注视——引起兴趣——引发联想——勾起欲望——权衡比较——增加信心——购买行动——心理满足。

1. 注视阶段

（1）顾客表现：注视是顾客心理活动的一种积极状态，使心理活动具有一定的方向。当顾客想买一件商品正在浏览时，首先要环视店内陈列的商品，看看能否寻到预先所想购买的品牌、款式，如果在此期间发现了感兴趣的某种商品，他就会驻足观看。在随意浏览的过程中，顾客往往会注意到店内的环境设施、商品陈列、店内导购的风格、电视播放、电脑演示以及种种宣传资料、醒目的 POP 摆放等。从购买的角度看，这是第一阶段，也是最重要的阶段。如果顾客在浏览过程中没有发现感兴趣的商品，而导购又不能引起顾客对商品的注意，那么购买过程即告中断；倘若能引起顾客的注意，即迎客成功，那么，销售成功就有了初步的把握。因此，顾客在专柜前看商品时，导购应该主动向顾客打招呼，同时可以用适当的提问来了解顾客和观察顾客的购买意图。

专家提醒：在注视过程中所获得的视觉享受是顾客购买这件商品的原动力。

（2）导购攻略：

①设置橱窗展示和店铺陈列的亮点（建议每个星期更换一次橱窗展示，店内陈列请参照陈列攻略）。

②导购富有感染力的微笑和妆容、得体的迎客，带给顾客舒适和亲切感，从而引起顾客的注意。

2. 兴趣阶段

（1）顾客表现：当顾客驻足于某一商品或是 POP 信息时，可能会对店内商品的价格、外观、款式、颜色、使用方法等某一点产生了兴趣或好奇心，同时会询问一些他所关心的问题。也可能向导购询问亲朋好友推荐的某一品牌，但咨询过后顾客往往不会很冲动地马上掏钱购买，而是在以自己主观判断此商品的同时，还会加上很多客观的条件去做合理的比较和评判。为什么会这样呢？这就是顾客对商品最初的一个认识过程，他是通过感觉、知觉、记忆、联想等心理活动来实现的，由于顾客接触或使用商品以及通过导购的简单介绍，直接作用于感觉器官，从而刺激了视觉、听觉等，形成了对某一商品的个别属性反应，这就是感觉。但由于仅仅是一种感觉，这个认识过程往往是顾客购买的前提，并不是要采取的购买行动。在实际购买活动中我们发现，倒是顾客的情绪起到重要的作用。情绪和认识过程不同，认识过程是顾客对商品本身的反应，但认识后所产生的情绪，是顾客对商品（商店）的一种喜恶倾向所反映出的态度。这可以从两个方面去理解，一是顾客对这个商品（商店）感兴趣或不感兴趣，二是导购的良好态度让顾客对这个商品或商店感兴趣。

（2）导购攻略：

①保持店内的清洁整齐，给顾客舒适自然的购物环境。

②店内陈列的特色以及某件商品的推荐引起顾客的兴趣。

③导购自身恰到好处的态度带给顾客热情、亲切、真诚的感受。

3. 联想阶段

（1）顾客表现：顾客如果对一件商品产生浓厚的兴趣，就不会再停留在“注视”阶段，可能会从触摸和从各个角度端详，或从相关的商品宣传资料中想到“此商品将会给自己带来何种益处？能解决哪些困难？自己能够从中得到什么享受？”例如看到一款设计新颖、颜色特别、做工精致、价格适中的礼服时，顾客就会想到周末有个同学聚会，如果穿上这条裙子去赴约，一定非常惊艳，想想心里特别满足。

顾客经常会把感兴趣的东西和自己的日常生活联系在一起。这个联想阶段非常重要，因为它直接关系到顾客对商品表示满意或不满意、喜欢或不喜欢的最初印象和感情阶段，我们将这个阶段称为“喜欢阶段”。在这个阶段，顾客的联想力肯定是非常丰富而又飘忽不定的，因此，在顾客选购商品时，我们应使用各种方法和手段适度地帮助提高他们的联想力。

（2）导购攻略：联想阶段在购买过程中起着举足轻重的作用，它直接关系到顾客是否要购买这件商品。在顾客选购时，导购一定要适度提高他的联想力。例如内衣销售中，导购可以这样宣传：这款文胸是刚刚上市的新品，设计新颖独特；这款文胸的集中效果超级好，可以穿出迷人的事业线；拍婚纱照可选用这款1/2杯文胸，可拆卸肩带，搭配腰封，拍出的婚纱照身材比例非常完美；搭配礼服，这款最好的，深V设计，可挂脖穿着……

4. 欲望阶段

（1）顾客表现：产生联想之后的顾客，接着会由喜欢而产生一种将这种商品占为己有的冲动和欲望。例如顾客在挑选内衣时，常常会幻想商品已归属自己，要求搭配自己的衣服试一试，反反复复地端详外形或是开始向导购询问一些比较深入的问题，然后试探性地请导购帮助参谋到底哪一款文胸适合自己。幻想过后，顾客可能会立刻购买，而大多数顾客此时又会产生一种怀疑：这款文胸的颜色好看吗？是不是还有比这款商品更好、更便宜的呢？这个品牌的质量和售后服务会有保障吗？带着种种疑问和愿望的顾客，大多数情况下不会马上掏钱购买。其实，当顾客询问某种商品并仔细地端详时，就已表现出他非常感兴趣或者想购买这款商品了，因此，导购要抓住时机，通过仔细观察，揣摩顾客心理，进一步介绍其关心的问题，促进顾客的购买欲望。

（2）导购攻略：

①针对顾客提出的异议，给出专业的解答。

②对犹豫不决的顾客，导购应为给顾客给出坚定的选择意见或对顾客的选择表示肯定和支持。

5. 比较阶段

（1）顾客表现：欲望仅仅是顾客准备购买，尚未达到一定要购买的欲望，顾客可能会做进一步的选择；也可能会端详店内其他同类商品，还可能从店中走出去，过一会（或几天）又转回本店，再一次注视这款商品，此时，顾客的脑海中会浮现出很多曾经看到过或了解过的同类商品，彼此间做个更详细、更综合的比较分析（内容包括商品的品牌、款式、颜色、板型、搭配、价格、质量、售后服务等），比较权衡是购买过程买卖双方将要达到顶点的阶段，即顾客经过比较之后有了更全面的认识，到达将会决定购买与否的关键阶段。也许有些顾客在比较之后就不喜欢这款商品了，也许有些顾客做出购买决定，还有些顾客在这个阶段会犹豫不决，拿不定主意，那么此时就是导购为顾客做咨询服务的最佳时机——施展服务策略，适时地提供一些有价值的建议给顾客，供其参考，帮助顾客下定购买决心。

（2）导购攻略：

①导购自身专业知识到位，包括品牌文化、商品知识、商品知识。

②导购的沟通技巧、销售技巧娴熟，学会赞美顾客。

③导购用真诚的服务心态感动顾客。

④关键时候敢于帮顾客做出购买决定。

6. 信心阶段

（1）顾客表现：在进行各种比较和思想斗争之后，顾客往往要征询导购的一些意见，一旦得到满意的回答，大部分顾客会对此商品产生信任感。这种信任感要受三方面因素的影响。

①相信导购：导购诚恳待客让顾客产生愉快的心情，从而对其产生好感；顾客对导购的专业素质（商品的专业知识）非常信任，尤其是对其提出的有价值的建设性意见表示认同，从而产生信任感。

②相信商店：老年顾客比较注重商店的信誉，对一些大商场或老字号的商店比较信赖；某家专卖店或大型百货商店的经营信誉好、服务项目多、管理严格、处理问题及时，从而使顾客产生信赖感。

③相信商品：年轻顾客多崇尚名牌商品；某商品的质量管理工作严格、售后服务声誉好，企业在以顾客为导向的基础上不断地进行商品创新，并将优势及时宣传推广，使消费者通过广告和人们的口碑传播来对某商品产生信赖感。

（2）导购攻略：在顾客即将产生信赖感的阶段，导购的接待技巧、服务用语、服务态度以及个人对商品的了解就显得格外的重要，因为这些知识与销售服务技巧直接关系到能否当好顾客的参谋，使其产生信任感。

7. 行动阶段

（1）顾客表现：顾客决定购买商品并付于行动，成交的关键在于能不能巧妙地抓住顾客的购买时机，如果失去了这个好时机，就可能使原本有希望成交的商品依旧滞留在店内。所以，导购在此阶段要把握好顾客的购买时机。

（2）导购攻略：

①快速收银，并包装好商品。

②告知顾客洗涤保养知识和售后注意事项。

③留下顾客资料，方便做售后服务。

8. 满足阶段

（1）顾客表现：顾客付款后还可能会发生一些不愉快的事。例如在交款时、包装时、送客时有不周到之处，便会引起顾客的不满意，甚至会发生当场退货等不愉快的事。所谓顾客购买的满足，包括两种：购买时的满足：一是顾客买到了称心的商品后产生的满足感，二是对导购亲切服务的认可所产生的满足感；商品使用过程中的满足感：这种满足感往往需要一定的时间才能体会到，通过自己使用或家人对其购买商品的看法来重新评判所实现的购买决定是否明智。尤其是耐用消费品，要经过较长的一段时间才能确定对使用过程与售后服务方面是否满意。严格地讲，商品使用过程中的满足虽不包括在顾客购买过程的心理过程中，但却关系到顾客下次是否光临。

（2）导购攻略：

①保持诚恳、耐心的待客原则。

②送客出门，感谢顾客购买。

③顾客回访，维系顾客，增加返单率。

以上是顾客购买过程中心理过程八个阶段。这八个阶段包括了顾客在购买商品时所有的心理变化过程，由于顾客所选购商品不同，其购买心理也有所差别。例如购买日用消费品及小件商品时，购买心理就会简单一些，而在购买价格稍高的商品、耐用品以及高档商品时，购买心理就会复杂，有些顾客甚至会一直一再重复某个心理阶段。但是即使再复杂的心理变化过程，也不会脱离或超越这八个阶段。导购只要掌握了这八个阶段的攻略，就等于掌握了顾客的购买心理。

第二节　不同消费群体的消费心理及接待方式

一、按年龄分类

根据年龄，可以将消费者分为如图 2－2 所示的四类。

图 2－2

1. 少年儿童消费群体

（1）消费心理及特点：

①实现消费的经济条件必须依赖其父母长辈。

②模仿性消费动机比较强烈。

③文化娱乐的消费比重较大。

④自我控制能力较差，错误的消费行为较多。

（2）导购攻略：

①服务时要兼顾孩子与家长。

②与之交流要轻松愉快，气氛活跃。

③利用孩子的模仿心理来引导消费。

④试穿体验时要第一时间进行正面引导。

⑤孩子肯定后要重新询问家长选择。

2. 青年消费群体

（1）消费心理及特点：

①追求时尚与新颖。

②追求科学与实用。

③追求自我成熟和消费个性的表现。

④注重感情，容易冲动，购买决策中带有较强的冲动性。

⑤敏感性强，对于新商品兴趣强烈。

⑥追求明显的消费个性，乐于表现自我。

⑦追赶流行与消费风潮。

（2）导购攻略：

①利用青年购买商品的群体性。

②展示和介绍商品要动作迅速、语言精练，利用青年购物追求快捷的特性。

③在强调商品质量时，更应强调品位与时尚。

④需要不重复介绍商品知识。

⑤宣传时注意激发购买情感。

3. 中年消费群体

（1）消费心理及特点：

①家庭消费的主要决策者和经济主要承担者，务实求俭心理较强。

②情绪不易受外界影响，消费心理较稳定，属于理性消费者。

③消费角色的多重性，消费范围十分广泛。

④一般都是计划性购买，具有理智性、随俗求稳。

（2）导购攻略：

①不要急于介绍商品，先注意观察判断。

②介绍商品时侧重商品性能和特点，突出内在品质及实用性。

③帮助顾客理性分析，要有条有理，对商品特点等做详细介绍。

④突出商品物美价廉的特点。

⑤中年顾客的分辨能力较强，导购要坚持原则，真诚对待。

⑥推介中注意培养感情，发展“回头客”。

4. 老年消费群体

（1）消费心理及特点：

①具有较强的习惯性购买心理，极少发生冲动性购买。

②求方便、安全、服务的消费心理很强烈。

③商品的实用性是一个重要衡量标准。他们挑选商品时更关注经济实用、舒适安全、质量可靠、价格优惠等。

④消费者的消费经验丰富，消费习惯稳定。

⑤老年消费者经常以过去的经验来判断新商品。

⑥部分老年消费者的补偿性消费动机强烈。

⑦重视对第三代的消费关注。

⑧认识能力与消费技能逐渐下降。

（2）导购攻略：

①主动为老人拿商品。

②耐心说明商品的用法、用途。

③介绍商品时适当放慢语速，提高音量。

④行为上礼貌，服务上周到。

⑤老年人对导购服务的要求主要表现在“三多”：问得多、说得多、挑得多。导购要给予特别的尊重和照顾。

二、按性别分类

1. 男性消费者的购买行为特点

（1）注重商品质量、实用性。

（2）购买商品目的明确、迅速果断。

（3）具有强烈的自尊心、好胜心，购物不太注重价格。

2. 女性消费者的购买行为特点

（1）女性消费者数量庞大，是购买行为的主体。

（2）购买商品挑剔，选择性强。

（3）注重商品的外观和感性特征。

（4）注重商品的实用性和具体利益。

（5）注重商品的便利性和生活的创造性。

三、按性格分类

根据不同的性格，可以将消费者分为如图 2－3 所示的四类。

图 2－3

1. 孔雀型（社交型）

（1）消费心理及性格特点：孔雀型的顾客性格特点就是诚恳热心、个性乐观、口才流畅、好交朋友、表现欲强。此类顾客的优点是生性活泼，能够使人兴奋，善于处理人际关系。缺点是因其跳跃性的思维模式，不注重细节，所以此类人购买时多凭感觉，容易冲动。

（2）孔雀型（社交型）顾客购物时的常见表现：

①进店后比导购还热情，主动打招呼。

②进店见到镜子就喜欢照一照。

③喜欢炫耀自己的车子、房子、孩子、包包等。

④喜欢在店里闲逛和闲聊。

⑤喜欢指着店里的商品说这个我买了，那个我也买了。

⑥喜欢在店里自拍。

（3）导购攻略：

①迎接顾客：拉关系、多称赞。

②探寻需求：唠家常、聊天。

③商品介绍：适当夸张炫耀、多听顾客说话。

④疑问解答：体察顾客感情、不必解答问题。

⑤促成成交：赞美、多建议。

2. 熊猫型（关系型）

（1）消费心理及性格特点：熊猫型顾客个性特点就是很稳定、够敦厚、温和善良、不好冲突。这类顾客的优点是亲切真诚，和蔼可亲，说话慢条斯理，声音轻柔。缺点就是很难坚持自己的观点和迅速做出购买决定，买东西时犹豫、纠结，总想找到十全十美、完全称心如意的商品。

（2）熊猫型顾客购物时的常见表现：

①进来很有礼貌，说话声音比较小，语调比较平。

②进来时导购寻问有什么需要，喜欢回答我随便看看。

③走路慢，挑东西也是慢慢挑。

④试穿出来后在镜子前会犹豫很久。

⑤喜欢询问导购的意见，自己拿不定主意。

⑥在无法做出决定时，会说明天找别人一起过来看看。

（3）导购攻略：

①亲切、诚心相待，争取良好的第一印象。

②声音要温和，不急不躁。

③温和真诚、放慢速度。

④关键时候果断地帮顾客做出决定。

3. 猫头鹰型（思考型）

（1）消费心理及性格特点：猫头鹰型顾客性格特点是注重细节、条理分明、责任感强、重视规则、分析力强、精准度高。喜欢把细节条例化，个性拘谨含蓄。这类顾客非常理性，不会随便做决定，也不容易被别人改变想法，有自己的原则和标准。缺点是过度关注细节，很难轻易做决定。

（2）猫头鹰型顾客购物时的常见表现：

①进店后不爱说话，表情比较严肃。

②进店导购询问时，喜欢回答我随便看看。

③喜欢自己挑，不喜欢导购一直跟在后面介绍。

④关注细节，买之前会把商品里里外外仔细检查。

⑤关注品质和性价比。

⑥个别猫头鹰型顾客决定购买前可能要反复来店比较四五次才会购买。

（3）导购攻略：

①礼貌、谦和而有分寸，适度称赞。

②表现自己是一名专业、优秀的导购。

③让顾客了解你，以解除他的戒惫之心。

④引发他对商品认可、产生兴趣后，主动出击。

⑤用事实说话，用商品的好处打动顾客，得到顾客的认可。

⑥介绍商品时专业、细致。

4. 老虎型（指导型）

（1）消费心理及性格特点：老虎型顾客性格特点就是个性积极、有自信、够权威、决断力高、竞争性强、喜欢评估。这类顾客的优点是不犹豫、不纠结，能果断地做出决定。他们的缺点是容易忽视细节，说话直接，自我意识强，其他人很难改变他们的决定和选择。

（2）老虎型顾客购物时的常见表现：

①进店后直奔目标。

②走路速度快，说话节奏快。

③喜欢自己挑选，不喜欢导购一直跟在后面作介绍。

④看到喜欢的商品主动要求试穿。

⑤做决定很快，不喜欢拖泥带水。

⑥导购很难改变顾客的选择和决定。

（3）导购攻略：

①迎接顾客：保持微笑、热情招呼。

②开门见山，探寻需求。

③直截了当介绍商品，突出商品的档次，体现身份。

④疑问解答要简洁明了、体现专业。

⑤促成成交时征求意见，让其做主。

注：想测试自己属于哪种性格类型？可按附录《行为风格自我测试》的要求进行自我测试。

接下来，用同一个案例场景来分析这四种顾客的表现情况，以及相应的导购应对方案。

【案例分析】顾客看上店里出售的一条裙子，但觉得价格太贵，可是折扣已经降到最低。

1. 孔雀型

（1）顾客反应：我挺喜欢这款裙子的，颜色也好看，但是我觉得价钱方面有点小贵，能不能打个折……（孔雀型顾客总是喜欢与人聊天。）

（2）导购话术：不好意思，您是我们老顾客了，肯定知道我们品牌通常是不讲价的，这款裙的质量真的很好，您身材又这么好，穿出来效果真没得说，这个价钱买到一条如此合适的裙子，其实真的是非常划算的。这样吧，您买这条裙子的话，我帮您申请一份 VIP 礼物吧。

（3）话术解析：外向的孔雀型顾客喜欢与人聊天，喜欢听赞美语言，你不要急于断掉这次话题，继续跟他聊天，并给孔雀型顾客一些“小甜头”，给他留下一个热情的好印象。

2. 熊猫型

（1）顾客反应：这款裙子不错，就是有点贵！（熊猫型顾客比较胆小，主见不是很强，通常犹豫不决。）

（2）导购话术：这款裙子的材质不错，剪裁也很好，整体非常好看。就这个价钱来说，是很值的，其他顾客买了反馈都不错。我们有个老顾客王姐，自己买了穿着舒服，还推荐她两个朋友过来买了呢。

（3）话术解析：熊猫型顾客的主见不强，这个时候，你可以搬出其他顾客的现身说法，再给他一些建议和引导。

3. 猫头鹰型

（1）顾客反应：裙子颜色还不错，但不知道上身会不会好看。衣服的质量也一般，价格还不便宜。万一买回去过两天不喜欢了，能不能退货？（还没买，就先想着退货了，吹毛求疵地说一大堆，最后才提到价钱问题，这个就是典型的猫头鹰型顾客。）

（2）导购话术：我们是做了几十年的老品牌了，做工方面很有经验，都是严格控制出品的。材质是全棉的，舒适透气，剪裁很好，整体效果也很不错，也适合多种场合穿着，相信您穿起来一定会满意的。

（3）话术解析：猫头鹰型顾客没有老虎型那么强势，他们比较关注细节，喜欢挑瑕疵，所以最重要的就是专业再专业，把话都说全，让他们找不到毛病。

4. 老虎型

（1）顾客反应：我觉得这件裙子价钱太贵了，便宜点吧。（典型的自我意识强，言简意赅。）

（2）导购话术：是的，这个价格看起来好像不便宜，但就裙子本身的品质来说，是非常好、非常划算的，我们也是在追求一流的性价比。

（3）话术解析：首先认可老虎型顾客的观点，再委婉地反驳他，这样让他容易接受。老虎型顾客最清楚自己想要什么，所以不要自作聪明给他建议，不要强硬推销，这次不行，给大家一个“退路”，你留下了好印象，说不定下次顾客就想起你了。

实操训练

1. 训练目标

通过对不同类型顾客的接待进行实操演练，让学生掌握与不同顾客沟通的技巧，学会在销售中察言观色，提升销售能力和服务水平。

2. 训练要求

（1）保持良好的仪容、仪表、仪态。

（2）能够做到微笑，并正确使用肢体语言。

（3）接待过程热情大方，使用正确的服务用语。

（4）能够根据顾客的行为表现判断顾客类型，采取相应的接待方式。

（5）能够根据现场演练情况与注意顾客体验的反应，提高一定的现场应变能力。

3. 训练准备

（1）营造卖场氛围，准备好销售所需商品和道具。

（2）提前做完性格测试，演练中可以找到对应的性格类型来扮演顾客。

（3）以4~6人为一个小组，组内成员轮流扮演顾客和导购。

4. 训练场景

【场景一】导购接待孔雀型顾客

一名孔雀型的老顾客走进门店，导购一眼就认出了她。

话术举例：

“王姐，您过来啦？一段时间不见怎么越来越年轻了？您今天这身衣服颜色搭配得真好。王姐，来，这边坐会，我给您倒杯水……上次看您微信，好像您去泰国旅游了，可以跟我们分享一下吗？”

训练提示：接待孔雀型的顾客要主动热情，多赞美，多聊顾客感兴趣的话题。

【场景二】导购接待熊猫型顾客

顾客接受了我们的建议，试穿了衣服，但迟迟没有购买。

话术举例：

“我们家的衣服是性价比最高的，您看这衣服的做工和面料多好啊，您穿上身又那么合适。您回去后可以搭配短裙，也可以搭牛仔裤，秋天时外面套上风衣和外套都很漂亮，是一个百搭款，我帮您包起来吧。”

“今天××节搞活动才这么划算的，明天我们就恢复原价啦!”

训练提示：接待熊猫型的顾客前期不能太急于催促顾客，但是在顾客犹豫不决准备离开时要提出专业建议，帮助顾客做决定。

【场景三】导购接待猫头鹰型顾客

顾客问：“你们品牌的西服面料怎么都是涤纶加黏胶的，而且全是修身款，没有宽松一点的吗?”

话术举例：

“先生，您这个问题问得非常好，是这样的，涤纶面料防皱、笔挺、耐磨性超过任何一款纤维；而黏胶是从多种植物里面提炼出来的一种植物纤维，穿着舒适，手感光滑有质感，所以我们品牌的西服不仅穿起来非常舒适，而且易保养、易存放；先生，我们刚到的这款西服比较适合您的气质，而且卖得也非常好，不如您来感觉一下吧，像您身材这么好，穿我们品牌这款西服更能彰显您的气质，来，这边请……”

训练提示：猫头鹰类型的顾客非常理性，注重细节，所以在导购话术必须专业、清晰、有条理。

【场景四】导购接待老虎型顾客

导购介绍商品时，顾客说：“没听说过你们这个牌子，我买衣服只买×××牌子的。”

话术举例：

“是的，×××牌子是个不错的品牌，您觉得×××品牌主要是什么地方吸引您呢?”

顾客说出该品牌吸引您的地方。

“哦，原来如此！（向顾客的优点靠拢）是的，这几点确实很吸引顾客。其实这几点我们也做得很好，很多顾客也对我们衣服称赞，只是您以前没有怎么关注我们，真的是很可惜。不过今天刚好有机会，我帮你介绍一下，您也可以多了解一下我们的品牌，没准您会喜欢上我们的品牌呢。”

训练提示：老虎型的顾客说话直接，有主见，导购在接待过程中要多认同顾客，顺势引导。

【场景五】主动区分顾客类型

学生随机扮演不同的顾客类型，导购根据顾客行为表现，快速判断和区分顾客类型，并采取不同的接待方式。

训练提示：注意观察顾客的行为表现，灵活应变。

5. 训练评价（表2－1）

表2－1 训练评价

项目名称		活动小组				
学生姓名		场景角色				
类别	考核内容	分值	自评	小组评价	教师评价	得分
实操评价	良好的仪容、仪表、仪态	10				
	微笑服务	10				
	正确的服务用语	10				
	自信、热情、大方	10				
	能否判断顾客类型	20				
	根据顾客类型采取正确的接待方式	20				
	有一定的现场应变能力	20				
	总分					

第三章　门店销售“九连环”之一——售前准备

章节导学：

事前的控制和准备，胜于事中和事后的调整与改善，售前准备的完善与否会直接影响到门店的销售业绩，本章重点在于帮助读者熟悉和了解营业之前的人、货、场三个方面的各项准备工作，营造良好的门店销售氛围。

学习目标：

1. 了解售前准备的重要性。
2. 学会导购的标准化服务礼仪。
3. 掌握基础的店面陈列技巧。
4. 熟悉营业前卖场的各项准备工作。

第一节　售前准备的重要性

【案例导入】

相同名牌不同专卖店的售前准备

周六的早上，瑶瑶和闺蜜一起去逛街买漂亮衣服，她们来到当地最繁华的商业步行街，大部分的专卖店都刚刚开门营业，她们走进A品牌的女装专卖店，看到其中一个导购正在整理门店卫生，另一个导购正在上货，店内有些凌乱，还有一个导购在收银台翻看账目。看到她们进来后，门口整理卫生的导购热情招呼她们：“欢迎光临A品牌！随便看看！有喜欢的款式可以取下来试试！”说完，继续忙着手上的事情，瑶瑶和闺蜜在店内随意看了一圈就走出了这家店。

逛了一会儿，她们发现在步行街的另外一端还有一家A品牌的女装专卖店，看了一下橱窗，跟第一家陈列很相似，所以不打算进店了。但是，当她们经过门口的时候，门口站着一位导购，面带微笑，热情招呼她们：“早上好，欢迎光临A品牌！请里面挑选！”瑶瑶和闺蜜顺着声音往里一看，里面干净整洁，看着很舒服，收银台附近的导购看到她们立刻微笑招呼：“欢迎光临 A 品牌！请里面挑选！”瑶瑶对闺蜜说：“要不要再进去看看?”“不去了吧，这个品牌我们刚逛过。”瑶瑶看了一眼里面：“这家店看起来感觉好像不太一样，款式好像更多，看看吧。”说着把闺蜜拉进店内。一位导购给她们端过来两杯温水，另外一位导购热情给她们介绍商品，邀请试穿，瑶瑶和闺蜜意外地发现在之前那家店瞟了一眼没看上的衣服，穿到身上效果特别好，两人跟导购们说说笑笑，试了十几件衣服，每人买了两条裙子愉快地出门了。

讨论：

当瑶瑶和闺蜜进入 A 品牌的第一家店时导购在做什么？在进入第二家店时有什么不一样？为什么同样的品牌，瑶瑶和闺蜜在第一家店随意逛了一圈就离开了，而在第二家店她们却愉快地试穿并且买单？

售前准备指门店开始营业前的准备工作，是一天当中的开篇工作，事前的控制和准备，胜于事中和事后的调整和改善，售前准备的完善与否会直接影响到每天的销售业绩，完善的售前准备有助于提升所有人员的工作效率，可以防患于未然，规避诸如货品不齐全、物料欠缺、重要事务未办等营业过失，降低不必要的损失，同时为销售服务做好最充足的准备。

正如将军不打无准备的仗，在战场上，要想赢得战争的胜利，必须经过严格的战前训练，准备充足的粮草弹药，还要对战场做好仔细的勘察和战前布置。售前准备是门店赢得良好第一印象，吸引顾客进店的关键环节，只有当人、货、场三个方面都达到最佳的准备状态，才能让顾客不由自主地走进门店，在轻松愉快的氛围中成交。门店售前准备工作见表 3 – 1 所示。

表 3 – 1 门店售前准备工作流程

时段	作业项目	作业重点
8:30 ~9:00	晨会	每天主要工作计划及指标的布置
	出勤状况确认	1. 出勤、休假、病事假、人员分配 2. 检查仪容仪表及工服、工作牌佩戴情况
	卖场、后场状况确认	1. 检查卖场货品的陈列、补货及卖场卫生状况 2. 仓库的检查：货品情况、仓库的卫生和货品摆放 3. 款台的检查：款台备品、零钞、收银设备、收款单据
	昨日营业状况确认	1. 营业额 2. 畅销货品款号 3. 客流高峰时段 4. 昨日工作总结
9:00	开门营业状况检查	1. 员工、款台、仓库准备就绪 2. 货品、促销推广布置到位 3. 灯光、音响、电器、店门开启就绪

第二节　售前准备——人的准备

【案例导入】

专业的导购形象决定了顾客的脚步（图3－1、图3－2）

图3－1

图3－2

（注：图片为演员李欣汝在电视剧《丑女无敌》中的不同造型）

讨论：

假如图3－1、图3－2所示是同一个化妆品品牌的两家不同门店的导购，你更愿意走进哪一家店？如果图3－1中的这位导购在接待时告诉你保证品质且全场可以打9折，而图3－2中的这位导购说她家的品牌保证品质，但是不能打折，你更愿意跟哪位导购买单？

一、导购的形象准备

导购有一个非常重要的角色叫形象代表，导购的形象是门店传达给顾客的第一张名片，专业的导购形象决定了顾客进店的脚步和买单的意愿。导购的职业形象就是根据个人形象，结合服务业的特点等要求设计出来的适合自身职业发展的形象，包括仪容仪表、行为动作以及服务礼仪。

1. 仪容仪表规定

仪容仪表规定如表3－2所述。

表3－2　仪容仪表规定

项目	要求	备注
工服	干净、整洁	饰物佩戴要求整洁、有型
工牌	端正地别于左胸制服中间位置	

续表

项目	要求	备注
鞋	黑色中跟皮鞋	干净、无异味
丝袜	黑色，无破损，长度在裙摆之上	最好穿连裤袜
发型	短发：干净、整洁、精神；长发：束起	不能佩戴太夸张的头饰
妆容	淡妆：细致、自然、干净、协调、甜美	包括：粉底、腮红、眼影、口红、眉毛、睫毛膏

2. 服务礼仪

服务礼仪如表3－3所述。

表3－3　服务礼仪

项目	要点
站姿	女士：双脚八字步或丁字步站立，上身正直，头正眼平，面带微笑，沉肩挺胸，收腹夹臀，双腿自然并拢，右手放在左手指上，交叉放在小腹部 男士：跨立，双手后背放于腰间，左手抓右手腕，两肩放平，两眼平视，两脚略微分开，抬头，挺胸，收腹，面带微笑
走姿	双目向前自然平视，微收下颌，面带微笑、双臂前后自然摆动
蹲姿	左脚在前，右脚稍后，两腿紧而下蹲，左脚全脚掌着地，右脚脚跟微微抬起，靠于左小腿内侧，臀部向下，重心主要放在左腿上
介绍指引	掌心向上，手指自然并拢，以肘关节为轴带动手臂上拉平伸指示商品或方向 “小姐/先生，这边请……”
迎、送宾姿势	当顾客进店/离店时，所在卖场销售人员均需迎、送宾，说服务用语，行鞠躬礼 “您好！欢迎光临××品牌” “谢谢光临！请慢走！” “先生/女士，请走好，欢迎您再次光顾！”
销售过程	（1）尊重顾客，随时随地保持真诚的微笑 （2）经常赞美、尊重、关心顾客 （3）熟悉对待顾客的标准服务用语与对话技巧 （4）热情待客、礼貌服务，保持良好的店貌 （5）认真解答顾客咨询，虚心听取顾客意见或建议 （6）当顾客提出异议时，先肯定顾客观点，建立同理心 （7）对顾客之抱怨，需诚恳地接受，虚心倾听并加以改进 （8）适时主动提供商品介绍，并诚恳回答客人询问 （9）对待顾客应有耐心，讲话口气应保持温和、亲切 （10）不得有欺骗顾客之言行 （11）与顾客保持适当距离，切勿虚言妄行，任意承诺或举止太过随便 （12）记住常来顾客的姓名及喜好，让顾客有备受重视的感觉

续表

项目	要点
销售过程	（13）已打烊或接近打烊才进门的顾客，仍应礼貌接待，不可有赶走或不耐烦的举动 （14）顾客永远比电话重要，应先接待顾客，再接听电话 （15）捡到顾客遗失财物应立即交店长或商场
接听电话	（1）接听时 “您好！××店铺，我是×××，很高兴为您服务！请问有什么可以帮到您?” （2）当对方询问的事情无法回答时 “对不起，这件事情××会更了解，我请××来听，请您稍等一下。” （3）当店内无人可回答时 “对不起，我查询后给您回电话。” （4）听清楚事情后 “好，是的”，再将事情复诵一次，以确认无误 （5）电话接听结束 “××品牌谢谢您的来电!”或“对不起，打扰您了!”。 （6）接听电话要等对方挂断，再行挂断 （7）如接听话人不在，接听人需代为留话，并注明来电人姓名、电话、扼要事项等，再予以转交或传达原受话人

二、销售态度的准备

人是具有思想的，如果在思想上、心态上不能端正服务的态度，个人的业绩以及店铺的整体业绩都难以得到质的提升。

在服装店从事导购或者店长工作的人员，首先要对自身职业选择的认知方面形成明确的结论和定位。导购人员可以从以下四个问题来剖析自己的思想：你的目的？你的目标？如果重新来过，你的选择？如果没有选择，现在该怎样做？

做自己喜欢的工作，才能真正投入，才能得到乐趣，才能成功，因此，通过以上的自问自答，无论结果是什么，都能够帮助导购明确自己的真实想法，促使自己做出最为恰当的判断和选择，并瞄准明确且切实可行的目标不断前进、最终实现自己的成功。

【案例分享】

成功的建筑工人

成功的建筑工人是能够在工作中享受快乐的人，是幸福的人。而能够获得幸福的人，才是真正意义上的成功人。以下的故事很好地对这一点进行了佐证：某城市正在建设一座设计恢宏的教堂，出于职业的敏感，一位记者到教堂的施工工地进行采访，希望获得一些报道的素材。在采访的过程中，记者分别遇到了三个心态完全各异的砌砖工人：砌砖工 A 在工地上表现得无精打采，一边干活一边唉声叹气，面对记者的采访提问，他说：“我在砌砖，砌一块少一块”。相比砌砖工 A 而言，砌砖工 B 则显得要积极很多，他每砌一块砖还会非常仔细地端详一下并进行位置调整。面对记者的采访提问，他说：“我在砌砖，我希望把每一块砖都砌得特别好，因为只有每一块砖都砌好，领导才能给发工资和奖金，这样我的生活才能得到改善”。与前两位又不尽相同的是，砌砖工 C 在工作中眉飞色舞、手舞足蹈，神情激动得如同在欣赏自己创造的艺术作品一般。面对记者的采访提问，他说：“我在做一件伟大的事情，再过半年，在这片土地就会建立起这座城市里最为雄伟壮观的教堂，这个教堂将成为我们城市的中心，能够让所有人都可以到这边来祈祷和朝拜，我正在创造这样的一个奇迹。”

从这三个人的态度不难判断，最终真正能够做到最好、获得成功的必定是砌砖工 C。因为他真正喜欢自己所从事的工作，不仅为了工作而工作，而是将工作视为自己的生活、自己的事业，甚至上升为自己的生命。这三名砌砖工其实都能够在现实的工作环境中找到对应体，在服装店中，同样只有 C 类型的导购人员才能获得成功。

无论因为何种原因和目的，既然选择了服装店导购这样一个职业，都应该以积极的心态面对自己的本职工作，并且始终坚信，经过我们的不懈努力，最终都是能够获得成功。

三、专业知识的准备

1. 商品知识

一名优秀的导购除了要熟悉商品的品牌名称、产地、款号、分类、价格、制造工艺、使用方法等基础知识外，还要熟知商品的各种属性以及特征，挖掘这些属性、特征具有什么优势，能够给顾客带来什么利益，能够满足顾客什么需求和解决顾客什么问题，只有导购自己热爱自己所卖的商品，对自己的商品充满信心，才有足够的热情去打动顾客掏钱购买你的商品。

2. 竞品分析

知己知彼方能百战百胜。在销售中，经常会有顾客说：“××品牌的商品跟你家的差不多，但是便宜了好几十块，你再给我打个折吧。”很多导购听到这个话不知道如何回答，因为他根本不了解顾客说的是真的还是假的，不清楚竞品的情况，从而对自己商品没信心，回答顾客的时候就会强词夺理或语言苍白无力，所以导购要经常了解竞品的活动信息、新品信息、顾客管理、服务情况，找到竞品与本品牌的差异，寻找对方的薄弱点和薄弱环节，然后在介绍商品的时候突出本店的优势、特色。

第三节　售前准备——货的准备

【案例导入】

顾客为什么流失？

王女士走进一家品牌专卖店，导购非常热情地给她推荐了一款红色的连衣裙，告诉她这款裙子是刚到的新款，修身效果非常好，并且红色喜庆，又特别衬王女士的肤色，极力邀请她试穿，王女士有点动心了，请导购拿一件中码给她试穿，但是导购跑到仓库寻找之后拿过来一条黑色同款的裙子跟王女士说：“不好意思，红色的中码没有了，您先试试黑色，如果大小合适的话我帮您调货，可以吗？”王女士看看黑色，感觉不是自己喜欢的颜色，所以拒绝试穿并且离开了店铺。

讨论：

王女士为什么离开？导购在销售中出现了什么问题？

一、货品分析

货品对于导购而言，就像士兵打仗时的子弹，没有充足的弹药，再勇猛的士兵也无法在战争中取胜，所以每天在营业前，导购要先对货品进行检查和分析，保证在销售过程中能够有针对性地推荐货品。

（1）关注是否是补货周期？如果是补货周期，就需要做好货品盘点，按照补货的规则和原理，填好表单并在规定的时间发出补货需求。

（2）关注高档品、主推品、橱窗陈列商品。

（3）要依据竞争对手的变化，改变货品陈列。

（4）关注货品的交接班信息及卖场上的补货情况。

（5）了解库存检查补货、今日主推品，并进行现场陈列调整。

（6）结合相应的库存情况进行畅、滞销款分析，包括畅、滞销款的颜色、尺码等。

（7）关注店铺库存货品中的畅销款，及时补货，确保畅销款有足够库存。

（8）滞销款的处理保证及时和准确，要特别留意销售量与现有库存量的比例。

二、货品陈列

【案例分析】

店员小王曾经做过如下的试验：她把红、黄、蓝、绿、褐五种颜色的特价衬衫，堆成一堆放在店门口附近，每个星期检查一次，看看哪一种颜色的衬衫销售最好。过了几个星期后，她得到了一个结论，那就是红色衬衫最易销售。而且，当红衬衫卖完之后，其他四种颜色的衣服销售量就直线下降了。然后，她又做了另一个试验。将衬衫分成两堆，分别放在店门口的左右两边，其中一堆红衬衫加多，另一堆则没有红衬衫。经过比较之后，发现有红衬衫的那一堆，销售量竟比没有红衬衫的那一堆高几倍。

为什么会得出这种结果？总结之后，她发现了两项结论：

（1）红色比其他颜色更引人注意。

（2）没有红衬衫的那一堆，显得黯然无光，使顾客的兴趣大减。

在商品陈列时，除了数量之外，还应该同时注意到商品的颜色、款式、大小，运用视觉化的商品陈列，这样才能吸引顾客的注意力，从而提高商品的销售量。

1. 陈列的概念

商品陈列是指门店为了最大限度地便利于顾客购买，利用有限资源，规划和实施店内总体布局、货架摆放次序、商品堆码方式、广告橱窗设计，合理运用店内的照明、音响、通风等设施，创造理想购物空间的工作。

简单地说，陈列是一种视觉展示，主要是通过对商品、橱窗、货架、道具、模特、灯光、音乐、POP 海报等进行有组织的规划，来达到营销的一种手段。

2. 陈列的目的

提升店内货品的视觉效果，提升店铺形象，给顾客耳目一新的感觉，增加货品销售。

3. 陈列的意义

商品陈列给消费者的第一印象即是持久印象，好的商品陈列是一名无声的推销员，陈列对店铺销售起到一定的促进作用，对顾客购物起到一定的引导作用，对品牌形象起到一定的维护作用。

4. 陈列的原则

（1）容易挑选原则。

（2）整齐清洁原则。

（3）便于取放原则。

（4）商品丰满原则。

（5）先进先出原则。

（6）保持新鲜感原则。

5. 陈列中的色彩运用

有效地利用色彩的排列组合，可以给顾客耳目一新的感觉，并刺激他们的购买欲，杂乱无章的颜色排列只会令顾客不愿亲近，颜色组合没有对与错，重点是常做变化以刺激消费者的视觉体验，所谓的变化并不是杂乱无序的，而是有规则可循的。

（1）色彩的分类：

①冷色：给人冰冷清凉的感觉，蓝色为最冷的色彩。

②暖色：给人温暖、火热的感觉，橙色为最暖的色彩。

③中性色：也叫无彩色，黑、白、灰是属于中性色，中性色常常在色彩的搭配中起间隔和调和作用。

- 红：兴奋、热情、激情、喜悦、高贵、紧张、奋进。
- 橙：愉快、激情、活跃、热情、精神、活跃、甜美。
- 黄：光明、希望、愉悦、阳光、明朗、动感、欢快。
- 绿：舒坦、和平、新鲜、青春、希望、安宁、温和。
- 蓝：清爽、开朗、理智、沉静、深远、伤感、寂静。
- 紫：高贵、神秘、豪华、思念、悲哀、温柔、女性。
- 灰：清净、明朗、清晰、透明、纯真、虚无、简洁。
- 白：沉着、平易、内向、消极、失望、抑郁。
- 黑：深沉、尊重、成熟、稳重、决定、压抑、悲赶。

（2）色彩的搭配方式：

①类似色的搭配：在色环60°之间，其搭配给人以雅致和谐的感觉。相近的颜色相组合：红+橙色，红+紫色，黄色+草绿色，黄色+橙黄色；给人感觉柔和、宁静。

②对比色搭配：在色环120°之间，属色相中强的对比，有鲜明的色彩感。形成对比的颜色相组合：黄色+红色，红色+蓝色，黄色+蓝色。给人感觉强烈，视觉冲击力大，此类搭配方式很少运用。

③互补色搭配：在色环180°之间，色相中最强的对比，这样的对比饱满，生动，活跃。给人感觉响亮、炫目。

④中性色：给人感觉大方得体。

⑤中性色+有彩色搭配：给人感觉简洁大方，此类搭配方式用得较多。

6. 服装陈列五定原则

（1）定位：

①A区：顾客最先看到的区域（入口处陈列杆，一般是右手边、流水台、模特、钢丝吊绳、点挂）陈列最新的款式。

②B区：顾客其次看到的区域（与A区相邻的区域一般为中岛）陈列从A区下来的款式，并与部分新款进行重新搭配。

③C区：陈列从B区下来的款式，并与部分新款进行重新搭配，一般为卖场最里面的区域，陈列一些基本款式。

（2）定色：

①了解本季货品基本色彩搭配，严格按照色系陈列。

②主色是指明度最高的色彩，本季主推色：如翠绿、嫣红、宝蓝、军绿等。

③辅助色起到修饰搭配作用，一般为中性色。

④以暗色与亮色相互穿插的方法陈列。

（3）定行：

衣架、裤架：挂钩向里悬挂，悬挂的货品需要距地面至少 10cm。每两个衣架之间的距离，夏季保持 7～8cm，秋冬保持 7～9cm。

（4）定量：

①长度 1.2m 的侧挂陈列中，春夏商品一般在 16～18 件，秋冬商品一般在 14～18 件（因品牌不同略有调整）。

②长度 1.8m 的侧挂陈列中，春夏商品一般在 24～26 件，秋冬商品一般在 22～26 件（因品牌不同略有调整）。

（备注：以上件数指陈列在侧挂上的衣架，不包括连接链条下的服装。）

（5）定件：

侧挂上面的第一件不能是下装，最后一件要将有特色的一面朝向顾客。整组货品必须以搭配组合的形式来陈列。

7. 橱窗陈列

（1）橱窗的作用：

①吸引顾客：橱窗是店铺的眼睛，好的橱窗布置就是一名好的导购，通过它吸引客流量，使顾客驻足店铺并进店购买，提升销售量。

②传递信息：橱窗陈列应透露流行趋势和主推商品，引起消费者之购买欲望，建立品牌形象可通过橱窗把店铺最新资讯通知顾客，例如，新品上市、优惠、推广等。

③营造格调：通过橱窗布置的整体氛围与表现手法，将品牌风格以及所倡导的生活方式等传达给顾客，使目标顾客产生共鸣。

④展示商品：运用橱窗模特合理的穿着搭配，把当季品牌最新的流行资讯告诉顾客。

（2）橱窗模特穿着色系搭配原则：

①穿插：主要体现在每一系列的调配中，穿插不仅是色彩的穿插，也包括面料、款式、图案等的穿插。

②组合：在具体每一系列的搭配中，可以针对不同的元素进行分类组合。

③呼应：指模特陈列中成套服装的搭配，不仅要上下呼应，而且要与相邻的陈列模特相呼应。

（3）橱窗陈列原则：

引人注目，风格统一，色彩协调，简洁明了，商品可系列化陈列，季节性陈列，或体现促销主题。

第四节　售前准备——场的准备

【案例导入】

橱窗陈列的卫生要求

一位年轻的妈妈带着孩子走进一家童装店，准备帮孩子挑选几套合适的衣服，进店后，导购热情推荐，但是略有洁癖的妈妈发现店铺的地板和橱窗里都是厚厚的一层灰尘，想着孩子娇嫩的皮肤，妈妈感觉店内挂着的衣服上也都是灰尘和细菌，所以不愿让孩子试穿，转身带着孩子走出了店铺。

讨论：

如果你进到案例所述这间店铺，会不会与这位妈妈一样的感觉？如果你是导购会怎样做？

一、卖场环境的清洁和卫生

（1）门楣。门楣的标准字完整，经常清洗，确保面板的干净、整洁。

（2）橱窗。经常清洁橱窗内的玻璃、地面、墙壁、模特、货品，不得有灰尘、污渍和花纹；除公司指定的宣传品外，橱窗内不得张贴和放置任何物品。

（3）地板。专卖店的地面应保持清洁、光亮，无任何杂物，无卫生死角。每天营业前、后清洁地面，营业前用干拖把拖地，以免水渍不干产生脚印。营业中随时清理地板上的纸屑、杂物、污渍等。雨雪天气时，更应保持地板的时时清洁、干燥，避免客人滑倒。

（4）天花板。天花板上方和边角处的蜘蛛网应随时清理。注意天花板的防水处理，如有水渍应随时清理。天花板及橱窗里的坏灯应随时处理、更换，以免影响专卖店形象。

（5）货品。为防止灰尘，存放于仓库内的货品应有外包装，且尽量避免挤压；货品上柜前应进行整烫，并随时检查货品是否有瑕疵或灰尘；为保证货品安全和店内空气清新，应禁止吸烟，适量用空气清新剂或香薰。

（6）货柜。每天营业前、后需对所有货柜进行擦拭，确保清洁光亮，无灰尘、指印，玻璃、试衣镜、金属构件只可用柔软的干布擦，以免表面划伤、生锈；货柜及陈列台下不可堆放杂物。

（7）收银台。收银台上只可放置笔筒、小票、画册，不可放杂物和私人物品；保证收银台干净、整洁，没有破损、变色、污渍。

（8）精品柜。展示柜应保持清洁，尤其玻璃板不可有灰尘和指印。展示柜上除了公司规定的陈列品外，不可放置任何物品。陈列品应无灰尘、无污渍、无皱褶。

（9）试衣间。试衣间内放凳子一张，拖鞋一双，纸篓一个，不可堆放其他杂物；每天清理两次，保证凳子干净、无异味；墙壁和地板整洁，无破损，无污渍。

（10）宣传品。经常清理宣传品，不可有灰尘、污渍；金属宣传品只可用柔软干布擦拭，避免划痕和生锈；KT板或张贴画应按公司要求摆放或粘贴，保证画册的应季性，平整、干净，无皱褶和陈旧感。

（11）仓库。确保仓库内地面、墙壁、天花板的干净、整洁；仓库内的货品应分类摆放，整齐有序，尽量避免堆放杂物；随时对仓库进行整理，注意防潮、防蛀。

二、销售工具的准备

销售工具是指有助于介绍商品的材料、用具、器具。现在销售工具的种类相当多，如图片、画册、商品宣传单、说明书、POP、数据统计材料、市场调查报告、内行专家证词、权威机构评价、生产许可证、获奖证书、经营部门的专营证书、鉴定书、顾客反馈等。

导购可以根据自己的品牌情况来设计和制作销售工具，并在营业前检查销售工具是否完善和正常，在销售过程中，这些销售工具的说服力远胜于导购的语言，可以达到事半功倍的效果。以服装销售为例：导购说衣服好看，顾客不一定动心，但是，当顾客看到IPAD上的买家秀，直观地看到顾客穿出来的服装搭配效果时，会更容易产生试穿和购买的冲动。

三、收银台的准备

（1）检查款台的安全情况。

（2）整理款台的环境卫生。

（3）清点款台的余款，与销售单据进行核实确保准确无误。

（4）检查款台备用零钞的储备情况，数量及种类是否充足。

（5）开启款台的各种电器设备。

（6）电脑设备按照主机、显示器和票据打印机的顺序进行打开。

（7）检查包装袋、银联消费单、封口胶等用品的数量。

四、其他

（1）打开招牌灯光、店内照明设备。

（2）检查和打开视频和音乐播放设备。

（3）准备好顾客饮用水和水杯等服务用品。

实操训练

1. 训练目标

通过训练让学生熟悉营业前的各项准备工作以及工作流程和操作方法。

2. 训练要求

（1）熟悉导购的仪容、仪表规范。

（2）训练导购的标准站姿、走姿、蹲姿等肢体语言。

（3）学会门店标准化服务用语和电话接听礼仪。

（4）清楚从进店到开门营业期间的售前准备的各项工作流程。

3. 训练准备

（1）设计一个模拟卖场，准备好商品、收银台、现金、票据等道具。

（2）准备好导购化妆用品、工衣、工牌等道具。

（3）以4~6人为一个小组，组内成员轮流演练从进店到开门营业期间的工作流程。

4. 训练场景

【场景一】礼仪训练

根据导购的仪容、仪表规范要求，把自己打扮成门店导购，演练站姿、走姿、坐姿、指引、迎送宾手势及电话接听礼仪。

【场景二】演练从进店到开门营业期间的售前准备工作流程

形象修饰——换工装——带胸牌——打开电源、灯光、音乐——检查收银台各项工作——门店卫生——货品分析——橱窗模特服装更换——店内陈列调整

5. 训练评价（表3-4、表3-5）

表3-4 服务礼仪评价

项目名称			活动小组			
学生姓名			场景角色			
类别	考核内容	分值	自评	小组评价	教师评价	得分
实操评价	工服、工牌、鞋子等是否符合要求	10				
	妆容、发型是否符合要求	10				
	是否保持真诚的微笑	10				
	正确的站姿	10				
	正确的走姿	10				
	正确的蹲姿	10				
	正确的手势	10				
	正确的迎送宾语言	10				
	正确的电话接听语言	10				
	热情、自信、大方	10				
	总分					

表 3-5　售前准备评价

项目名称			活动小组			
学生姓名			场景角色			
类别	考核内容	分值	自评	小组评价	教师评价	得分
实操评价	职业形象是否符合要求	10				
	工作流程是否基本正确	40				
	收银台检查和准备有无遗漏	20				
	门店卫生是否细心	10				
	橱窗模特服装搭配是否有吸引力	10				
	卖场陈列调整是否遵循五定原则	10				
	总分					

第四章 门店销售“九连环”之二——迎接顾客

章节导学：

迎接顾客是销售服务的第一步，会让顾客对店铺及品牌留下美好的第一印象，从而拉近与顾客之间的距离，为后面的销售作良好的铺垫。本章重点介绍门店迎接顾客的站位技巧、迎宾方法以及面对不同顾客、不同场景时导购的接近时机与销售话术，帮助读者在以后的销售中能更好地与顾客沟通。

学习目标：

1. 掌握迎接顾客的站位技巧。
2. 养成微笑服务的良好习惯。
3. 熟悉门店标准的迎宾语。
4. 了解邀请进店和留住顾客的方法。
5. 学会在不同情况下接近顾客的时机和话术。

第一节 迎接顾客的站位和技巧

【案例导入】

是什么决定了顾客的脚步?

在某外企上班的王先生，因临时到外地参加一个非常重要的会议，由于出发时太过匆忙忘记带西装外套，到达目的城市后，王先生马上到商场去买西装，他走进第一家男装店开始寻找合适的西装，进店后发现导购在收银台看手机，王先生转了一圈没人接待，也没看到合适的西装，转身出了门店；当他走到隔壁的男装店门口，里面传来了热情的迎宾声：“欢迎光临××品牌，我们今天到了很多新款，先生请里面挑选!”王先生顺着声音一看，一位导购穿着枣红色的衬衣面带微笑站在门口跟他打招呼，走进店里，导购开始询问：“先生，我们到了很多新款，您看，这边是时尚休闲的，那边是偏商务正装的，请问先生您比较喜欢什么款式呢?”在导购的热情介绍和推荐下，王先生不仅买到了称心如意的西服，还搭配了一件新衬衣和一条领带。

讨论：

两家门店的导购接待顾客的方式有什么不同？为什么王先生在第二家店不仅买到了称心如意的西装还购买了其他商品？

一、迎接顾客的站位要求

迎接顾客是销售服务的第一步，会让顾客对店铺及品牌留下第一次见面时的美好印象，从而拉近与顾客之间的距离，为后面的销售做好铺垫。

当顾客经过门店时，第一眼所见的导购形象和站位会直接影响顾客是否进店，导购木呆的站立或不高兴的脸孔，会直接吓走顾客。因此，必须培养使顾客能在店口停步、入店参观的待机工夫，先让顾客进店，才有成交的可能。

店铺导购在等待迎接顾客时，如何站位会让顾客舒服，又不至于吓走顾客呢？

1. 大部分中高端品牌的迎宾站位要求（图 4－1）

（1）1 人站立在店铺门口约 50cm 处，面朝店铺门口人流来的方向。

（2）1 人站在收银台。

（3）其余人员可走动或站于货架旁，或在店内调整陈列、整理货品、销售演练，营造一种热销的氛围。

（4）人手不足时，店员应主动补位及走位。

（5）在容易造成顾客流失的位置安排站位。

图 4－1

2. 部分品牌对门口的导购站位有调整（图 4－2）

（1）门口迎宾的导购站在门外 30cm 左右，面朝店铺门口人流行走的方向，主动邀请顾客进店。

（2）其余同上。

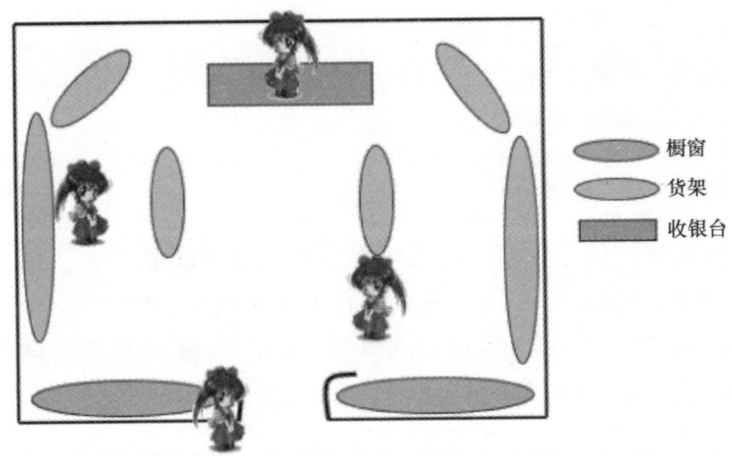

图 4 – 2

3. 品牌促销活动期间要求导购在门口做截流（图 4 – 3）

（1）1 个导购站在门外 30cm 左右，面朝店铺门口人流行走的方向迎宾。

（2）1 名导购在门外叫卖或做派单、宣传、拦截等动作，邀约顾客进店。

（3）1 人在收银台。

（4）其余人员走动接待顾客，或在店内调整陈列、整理货品、销售演练，营造一种热销的氛围。

（5）人手不足时，店员应主动补位及走位。

（6）在容易造成顾客流失的位置安排站位。

图 4 – 3

4. 超市型自助购物门店导购无固定站位

随着ZARA、H&M、优衣库等快时尚品牌的出现与快速发展，超市型自助购物方式为消费者创造了自主轻松的购物环境，提供品类齐全的多款式服饰，部分顾客自主、自由购物的习惯已经成型，顾客希望在“充满活力、愉快气氛的商店中自由购物，只在必要时，有询问对象”。这些自助型购物品牌的导购相对较少，除了收银台的固定员工外，其他导购没有固定的站位，而是在卖场内随机走动整理货品，或者根据顾客需求提供相应的服务。

导购的站位是以营造门店的热情和热销氛围，除了门口迎宾的导购外，建议卖场内的导购不要以固定的姿势站在同一定点，而要表现出“快乐工作的样子”，如整理货品、调整陈列、销售演练等，制造出一种忙碌、生意很好的氛围，吸引顾客进店。

二、迎接顾客第一件事：真诚的微笑

有些导购认为，现在的竞争太激烈了，顾客什么花样的销售手段都见过了，服装销售不好做，导购不好当。如果导购有这样的感觉，那是没有掌握销售艺术的缘故，在竞争充分化的时代，顾客在成熟，销售艺术的层次也在不断地提高。现在，很多商家非常重视顾客刚进入店门时的预热过程，在迎接顾客的第一时间想方设法调动顾客的购买情绪，情绪上来了，购买也就变得容易多了。

导购的微笑就是调动顾客情绪最好的武器，微笑不需要成本，但回报却很高。中国传统商业文化中有句俗语——“人无笑脸莫开店”。微笑是不用翻译的世界语言，它能传递给顾客友好、亲切、愉快的信息，能产生无穷魅力。微笑代表着一种态度，是导购与顾客之间建立温情的纽带。如果顾客到了店铺看见导购表情麻木、冷若冰霜，可想而知顾客就会失去进店和试穿的兴趣。

终端店铺的微笑服务要做到以下三点：

1. 微笑规范

（1）衣装整洁，仪表端庄，精神饱满。

（2）微笑要规范得体。微笑者要神态自若，双唇轻合，眉开眼笑，目光有神，热情适度，自然大方，规范得体。

（3）主动微笑。如果你是一位成熟或训练有素的服饰导购，在与顾客目光接触的同时、在你开口说话之前，首先献上你的一个微笑。这样，就由你创造了一个友好热情、对自己有利的气氛和情境，肯定会赢得对方满意的回报。如果对方微笑在先，必须马上还以礼仪微笑。

（4）微笑的最佳时间长度，以不超过7秒钟为宜，之后应该是面带笑容，否则时间过长会给顾客以傻笑的感觉，反而尽失微笑的美韵。

（5）最佳启动。当导购目光与顾客接触的瞬间，要目视顾客启动微笑。对迎接一般顾客可启动一度微笑，对熟悉的顾客可启用二度微笑。但微笑的启动与收拢都必须做到自然，切忌突然用力启动和突然收拢。

2. 眼神美规范

（1）目光平视。微笑时要敢于正视顾客，表现自然、自信和自尊，不能左顾右盼或有羞涩之感；要面对顾客平视，不可斜视。

（2）注视时间。导购在与顾客正面注视时，注视时间一般在5～7秒钟。不可长时间盯视顾客，否则顾客会有不安全和受挑战的感觉，这就是“道德注视时间”的概念，一个人注视另一个人的眼睛、面部及身体其他部位的时间，以不应引起双方产生紧张感为限。特别是与异性目光相视时，最多不能超过10秒钟，否则容易引起误会。

（3）注视位置。作为导购把目光死盯着顾客某一部位是失礼的。注视顾客的位置与传达的信息和造成的气氛都有密切的关系，不同场合、不同对象，其注视区域是有讲究的，导购一般注视顾客两眼至下颚这一部分范围之内。这样可以营造出一种平等、亲切和轻松的购物气氛，有利于双方的交流。

3. 做到微笑服务的八个“一个样”

（1）不矫揉造作，领导在场不在场一个样。

（2）一视同仁，顾客态度好坏一个样。

（3）不因人而异，接待生客、熟客一个样。

（4）心境平和，生意大小一个样。

（5）老少无欺，大人小孩子一个样。

（6）正确对待，买与不买一个样。

（7）始终如一，购物与退货一个样。

（8）端正态度，心情好坏一个样。

三、迎宾语的语言规范

【案例导入】

我是陈阿土

陈阿土是中国台湾的农民，从来没有出过远门。攒了半辈子的钱，终于参加一个旅游团出了岛。岛外的一切都是非常新鲜的，关键是陈阿土参加的是豪华团，一个人住一个标准间，这让他新奇不已。

早晨，服务生来敲门送早餐时大声说：“Good Morning，Sir！”

陈阿土愣住了。这是什么意思呢？在自己的家乡，一般陌生人见面都会问“您贵姓？”于是陈阿土大声叫道：“我叫陈阿土！”

如此这般，连着三天，都是那个服务生来敲门，每天都大声说：“Good Morning，Sir！”而陈阿土亦大声回道：“我叫陈阿土！”但他非常生气。这个服务生也太笨了，天天问自己叫什么，告诉他又记不住，很烦的。终于他忍不住去问导游，“Good Morning，Sir”是什么意思，导游告诉了他是“早上好，先生！”天啊！陈阿土自觉真是丢脸死了。

陈阿土反复练习“Good Morning，Sir”这句话，以便能体面地应对服务生。又一天早晨，服务生照常来敲门，门一开陈阿土就大声叫道：“Good Morning，Sir！”服务生的回答是：我是陈阿土！

讨论：

为什么服务生的回答是：我是陈阿土？

1. 新顾客的迎宾技巧

从陈阿土的故事中，我们不难发现，当人听到同一句话的次数多了以后，便会自然而然地被影响甚至形成条件反射。我们平时逛街的时候经常听到“欢迎光临”“随便看看”“随便挑挑”等错误的迎宾语，而这样的迎宾语在品牌经营中是没有任何宣传力度的，顾客进店逛了一圈甚至购买成交后都没有记住这个品牌，无疑也是一次失败的销售，因为导购在销售过程中没有很好地传达品牌的文化和价值，没有让顾客记住这个品牌，进而产生二次消费。

在终端门店，很多品牌采用英文标识。顾客走进这些英文店牌的专柜时，如果门店导购只是热情地说“欢迎光临，随便看看”，那些没有购买经历的顾客很可能都不知道这是什么品牌。例如，服装品牌“歌力思”，品牌标识是“ELLASSAY”，很多路过的顾客可能看不懂，记不住，那么门店导购的迎宾语就应该是“欢迎光临歌力思”，当全国所有歌力思品牌的专柜和专卖店的迎宾语都是“欢迎光临歌力思”时，顾客慢慢地就记住了这个品牌。

根据品牌门店服务的特性，迎宾语的科学设计更能体现出品牌服务的价值。以麦当劳为例，顾客走进麦当劳的任何一家餐厅，听到的第一句话都是“欢迎光临麦当劳”，标准化的迎宾语让顾客更容易对品牌产生信任感。门店完整的迎宾语应该是：“早上好！（时间要随时更换）+欢迎光临××品牌+新品到店欢迎试穿（或加上商品优惠、打折等信息）”。其他常见迎宾语话术如表4－1所示。

表4－1　迎宾语话术举例

要求	迎宾语
最简单有效的迎宾语	欢迎光临××品牌
加上时间问候	早上好/中午好/下午好/晚上好！欢迎光临××品牌
加上节日问候	新年好/节日快乐/母亲节快乐……欢迎光临××品牌
加上促销信息	欢迎光临××品牌！今天全场买二送一，请进店挑选
加上新品信息	欢迎光临××品牌！今天刚到很多新款，请里面挑选

2. 老顾客的迎宾技巧

导购在迎接顾客的过程中，对不同类型的顾客要有不同的迎宾技巧，对于新顾客导购要做的是热情问候，留住他们。对于老顾客，最好要记住顾客的姓名、爱好和商品喜好，平时一定要多留意他们所关心的事，学会随时观察他们所处的环境及周围发生的事情，这样做的目的是为了找到与老顾客共同的话题，并在恰当的时候提供必要的帮助，让老顾客感受到导购对她的关心。

老顾客是店铺的宝贝，因为占顾客总数20%的老顾客能够创造店铺80%的业绩，导购在迎宾的时候要表现出久违的高兴和适当的关切，让老顾客感觉到他在受到更加优厚的待遇是关键，不能急于介绍商品，切入主题时以新上市的商品推介为主，二人同行的老顾客既要让老顾客有优越感，又不能忽视了同伴。

下面以具体情景为例，介绍老顾客的迎宾技巧和话术。

【情景一】老顾客刘太太光顾，她的儿子考上了大学

（1）参考话术：“刘姐您来了，快请进，听说您儿子考上重点大学了，真不错，恭喜您呢，天大的喜事！”

（2）话术解析：导购可以用对她孩子的关心和夸奖，再次拉近导购与顾客之间的心理距离。

【情景二】喜欢新品，性格直爽的李姐今年第一次来店

（1）参考话术：“李姐，您来了，最近在忙些什么呢？好久没有来店铺了，来来，先坐下休息，店里面来了几款新货，一会儿我给您取来，您试试看……”

（2）话术解析：先用寒暄拉近距离，然后用李姐喜欢的新品切入销售。

【情景三】上周买了新款裙子的张姐今天又过来了

（1）参考话术：“张姐，您来啦？里面请！张姐，今天怎么没带您家宝贝过来呀？您上周买的裙子穿着怎么样，还合适吗？”

（2）话术解析：用顾客的孩子拉近距离，适时关心顾客所购买的商品建立信任。

【情景四】老顾客王姐带了一个朋友过来

（1）参考话术：“王姐，您过来啦！里面请！一段时间不见，您越来越年轻了！王姐，这位是您朋友吧？请问这位姐姐怎么称呼呢？”

（2）话术解析：用赞美打开话题，同时关注到顾客的同行者，热情周到。

接待老顾客时既不能不冷不热，也不能过度的热情，少谈商品，多谈顾客，关心顾客比介绍商品更有效。需要注意的是，由于性格等原因的关系，并不是每个顾客都喜欢和导购谈论家事，因此，导购要因人而异，并在沟通时把握尺度，哪些事情该谈，哪些事情不该谈，否则容易让人误解为多管闲事或者喜欢窥人私事。

第二节　迎接顾客的时机和方法

【案例导入】

不同导购的迎宾过程

一对年轻的夫妇走进家具卖场看家具。以下是两个门店导购不同的迎宾过程。

第一个门店导购身体还没有站直，就赶紧说：“先生，您看看我们的家具，很不错的，时尚又大方。”

第二个门店导购当时正在整理商品，当他看到有顾客上门时马上调整站姿，伸出一只手做请状，说：“你们好，欢迎光临××品牌!”接着站在原地用余光观察顾客。

讨论：

你认为哪个导购会吸引这对夫妻更久地停留在店内?

在上述案例中，第一个门店导购太急于表现自己，在没有介绍自己的品牌名并在不知客户需求的情况下，就开始向顾客介绍自己的商品；而且当时是两个人同时进店，迎宾时要兼顾到这点，不能只招呼先生或女士，并且门店导购不知道决策权在谁的手中，因此都要招呼到才对。

第二个门店导购反应迅速，马上调整自己进入迎宾状态，把职业化的形象展现给顾客；同时，“你们好!”这一句话简洁到位地把顾客都招呼了；门店导购接着说出自己的品牌，干净利落，一步到位。

顾客进入店面后，门店导购能否留住顾客，关键在于顾客对店面的第一印象。顾客会根据店面的气氛、对商品的兴趣和门店导购的态度决定去留。根据调查显示，没有成交的顾客一般只在店内停留3~5分钟。因此，门店导购必须在这3~5分钟的“黄金”时间内留住顾客，否则，即使商品的质量很好，也没有成交的机会。

大量研究表明，顾客在“黄金”时间里决定离开还是留下，起决定性作用的是情感因素，而非理性因素。而情感因素在留住顾客方面更胜一筹，这包括通过对顾客的称呼、问候、关心、赞美所建立的亲切感和信赖感。如果了解了顾客的这种决策心理。就知道有接近方式是错误的，例如，有的门店导购顾客进来后一句“欢迎光临!”“随便看看!”就放着顾客不管；有的导购则正好相反，跟在顾客后面喋喋不休：“我们是第一品牌”“我们的商品是最好的”“我们商品的功能有哪些”……

那么，什么时候接近顾客，怎样接近顾客会让顾客更加轻松？导购无论在任何情况下都要做到“以客为先”，如果手中有活，要立即放下手中的工作先接待顾客，包括整理货架、处理文件等，并抬头向顾客微笑点头，以顾客的言行判断接近时机，在顾客表示对商品有“兴趣”时加以接近，而顾客对商品产生兴趣与否，只要对顾客的表情、行动加以观察注意，便能判断出来。

下面，我们针对在迎接和接待顾客的环节中，常见的具体情景和问题，一一进行解析。

【情景一】当顾客停留在橱窗前打量橱窗模特时，如何吸引她进店

1. 正确应对

（1）参考话术：“您好！这件衣服我们店里有现货，各种款型颜色都有，可以进去试穿，买不买没有关系，来，请进?”

（2）话术解析：一般情况下，当顾客驻足橱窗时，是被某款服装所吸引，因此这个时候直接与顾客沟通，请顾客到店里面去聊聊，了解其真正的需求，会触动顾客的心动钮。当顾客进入店内后向顾客介绍他所感兴趣的商品，并邀请顾客试穿，尽可能发现顾客最美的地方并不吝赞美使之动心。要是衣服穿在顾客身上真的漂亮的话，顾客自然会动心。

2. 错误应对

（1）错误话术：直接告诉顾客价格。

（2）问题分析：顾客驻足观看橱窗里面的服装时，因为顾客还处在卖场的外部，所以容易失去顾客。当顾客还不了解服装的功能、特性时直接告诉顾客价格，有可能会把顾客吓走，从而失去销售的机会。因此，第一步就是让顾客进入卖场。

【情景二】顾客刚进门时导购如何跟顾客打招呼

1. 案例链接：店长小周的顾客接待技巧

北方的冬天，天气很冷，当顾客一走进店铺，小周要求导购们不要直接做销售，而是要先说：“姐，外面很冷吧，到空调这边暖和一下。”看到顾客提着很多东西像是逛了很久的样子，她会教导购说：“您先坐一下，我给您倒杯水喝。”当导购看到顾客衣服上沾着东西时会说：“您的大衣上都是毛，我给您拿刷子刷一下。”当顾客在店里试穿完衣服，并说想到别家看看时，导购都会说：“姐，您要是看不到合适的，还可以回来。”用这样的话送走顾客。并且，在为每一名顾客服务时，导购都要保持微笑，亲切地为顾客服务，绝对不允许出现给顾客脸色看的情况。

如果导购做不到以上所说的内容，小周会主动与之沟通：“我们可以换位思考一下，咱们出去买衣服，试半天也不一定会买。顾客买，你高兴，不买，你就不高兴，这种服务就是有条件的。这跟付出是一个道理，你对别人付出时是有条件的，你就不会快乐。”在小周看来，试而不买的顾客就是自家店潜在的顾客群。如果能做到优质的服务，对顾客尽心尽力，很真诚地对待他们，顾客再回来买的机会还是很大的，相反，机会就少很多。她把这样的想法不断地灌输给自己的店员。整个店铺在小周的带领下，业绩总是全公司第一。

2. 案例解析

不要小看迎宾语，“行家一出手，就知有没有”。合格的迎宾语从语音、语速、语调都要体现出专业，传递出热情，让每个陌生人听过后都能实实在在地感受到导购的亲切。其实，声音是有质感的，顾客的情绪是很容易被导购的声音同化的，导购的声音充满热情，顾客就会热情；导购的声音机械苍白，导购就不可能保持热情。所以别小看这一句话，只有融入感情，导购的话才能有杀伤力，才能打动人。顾客最忌讳的就是觉得导购像个机器一样，每天面无表情地站在那里机械地重复迎宾语。

3. 正确应对

（1）带小孩需要帮助的顾客。

参考话术：“您好，欢迎光临××品牌，小朋友真可爱，是不是渴了呢，感觉很累吧，来，到休息区喝点水吧。”

（2）下雨天或者是下雪天到店的顾客。

参考话术：“您好，欢迎光临××品牌，感谢您冒雨（冒雪）来到本店，有需要帮助的吗？”

（3）有身体不舒服的顾客或老年顾客。

参考话术：“您好，欢迎光临××品牌，阿姨逛街累了吧，来，您可以先到这边沙发上坐着休息一下。”

（4）拿重物或其他需要帮助的顾客。

参考话术：“您好，欢迎光临××品牌，小姐您带了这么多包，选择商品一定不方便，如果没有贵重的物品，我帮您放在收银台，请我的同事帮忙看管，这样更方便您试衣服，您看好吗？”

（5）过来问路或是其他询问的顾客。

参考话术：主动自我介绍，热情回答，并让顾客感觉你将随时提供优质的服务。

【情景三】当导购和顾客热情打招呼，而顾客面无表情地说“我随便看看”

1. 正确应对

（1）参考话术：

①“好的，小姐，买衣服一定要多了解、多比较，这样很正常。您现在可以多看看，等到哪天想买的时候，才知道怎么帮自己挑一件适合的衣服。请问您一般比较喜欢穿哪一类风格的衣服？”

②“没问题，小姐，现在买不买没关系，您可以先看看我们的衣服，多了解一下我们的品牌。来，我帮您介绍一下……请问，您一般都喜欢穿什么颜色的衣服？”

（2）话术解析：顾客刚进店的时候难免都会有些戒备心理，原因在于顾客不知道这个店铺当中是否有他需要的衣服，而且顾客都认为现在导购的语言都很有杀伤力，所以他们一般都不愿意多说话，怕一旦开口就会落入导购设计的圈套。为了不给自己制造不必要的麻烦，顾客干脆三缄其口，来个“我随便看看”。出现这种情况，还有一种可能就是顾客从心理上的一种不自信的表现。此时，导购应该想办法减轻顾客的心理压力，将顾客的借口变成自己接近对方的理由，积极地将销售过程向成交方向推进。

2. 错误应对

（1）错误话术：

①“没有关系，您随便看看吧。”

②“哦，好的，那您随便看吧。”

③“您先看看，喜欢可以试试。”

（2）问题分析：以上“没有关系，您随便看看吧”和“哦，好的，那您随便看吧”属于消极性语言，暗示顾客随便看看，看看就走。而且，一旦导购这样去应对顾客，要想再次主动地接近顾客并深度沟通就变得非常困难。“您先看看，喜欢可以试试”这句话也不妥，不试穿就买衣服的顾客几乎没有。

上述应对方式都属于消极地处理问题，而不是积极地解决问题，作为导购没有意识地去顺势引导顾客并将销售过程向前推进，从而降低了顾客购买的可能性。

3. 正确的方法：以退为进，寻机接近

如果顾客说“随便看看”的时候，潜台词就是：我先自己看看，你们不需要跟着我，我看到了满意的衣服时再叫你。在这个情景下，导购切忌啰唆一大堆语言，让顾客反感。这个时候一般不要说超过三句话。因此，作为导购在待机阶段一方面要做到站好位、管好嘴、管好脚，另一方面，最关键的是要选择适当的时机去接近顾客，这样才可以提高成功率（表4－2）。

表4－2　导购接近顾客的正确时机和方法

接近时机	顾客心理	导购话术
当顾客长时间注视某件商品或同类型的商品时	对这件或这类商品有兴趣	欢迎光临××品牌，您是找V领的针织衫吗
当顾客用手触摸商品时	对触摸商品的某些方面有兴趣	这条雪纺裙子穿起来很飘逸，您摸起来手感如何；这件羊绒大衣穿起来很轻又保暖
表现出寻找商品的状态时	有明确需求	有什么能帮到您的吗？欢迎光临××品牌！有什么我可以为您服务的吗
与顾客的视线相遇时	表示顾客需要帮助	欢迎光临××品牌，请问有什么能帮到您的吗
顾客匆匆入店，四处寻找时	有特定需求，想寻找某件商品	欢迎光临，有什么需要帮忙的吗

续表

接近时机	顾客心理	导购话术
顾客闲逛中眼睛一亮，突然停下脚步	顾客很喜欢眼前的这件商品	您眼光真好，这件衣服采用的是今年最流行的色系，非常适合您
顾客观察商品并在身上拼试时	喜欢这件商品，进入联想阶段	您真有品位，这件衣服看上去很不错
用手触摸某货品，找标签，看标价等	产生兴趣，寻找详细的说明资料或权衡价格	您眼光真好，这件是我们刚到的新款，你可以试试看上身效果，非常适合您

【情景四】营业高峰时段忙不过来时如何接待顾客

1. 正确应对

（1）参考话术：

①先期来店的顾客。

“真的不好意思，这段时间比较忙，招待不周啦。您先看看我们今年的这些新款吧，有喜欢的就叫我一声，好吗？我叫小霖。”

（离开去照顾其他顾客，当该顾客询问时立即过来）

“小姐，真不好意思，让您久等了，请问……”

②来店闲聊的老顾客。

“哎呀李姐，真是不好意思，今天店里的顾客比较多，没有时间好好招呼您，真是抱歉。您先在这里坐一会儿喝杯水吧，我忙完就马上过来，等会儿跟您好好聊，好吗?”

③来店闲逛的老顾客。

“哎呀刘姐，真不好意思，这个时间的顾客特别多，招待不周，真是抱歉。您是先坐会儿喝杯水呢，还是自己先看看我们的新款?”

（2）话术解析：有人气的店铺特别容易吸引顾客光临。但由于店铺人流量的分布不均匀，有时候人气可能特别好，导致顾客无法得到周到全面的服务，并因此延长了顾客的等待时间，降低了顾客的满意度，有些急躁的顾客还可能一走了之。所以，如何在顾客多的时候引导顾客选购商品并延长其停留时间就显得非常重要。

顾客多时要做到“接一顾二招呼三”，避免冷落顾客，避免乱场。也就是说，当顾客很多，导购应接不暇的时候，要尽量照顾一下周围的顾客。在接待第一位顾客时，口头上可以去照顾第二位顾客，同时还应当以自己的眼神去招呼第三位顾客。这种热情服务的方式，会很容易消除顾客被冷落、疏远的感觉，同时还需要格外注意识别老顾客，让老顾客有特别热情的感觉。

①依照顾客先后次序来处理。

不管有什么样的理由，依照顾客先后次序来处理事情的原则不能变。因为破坏次序会让顾客想起在售票口、超级市场收银台等地方，遇到插队的不愉快事情。

②尽量缩短每一位顾客的处理时间。

这正是发挥待客技术的好机会，可以用来测试导购掌握销售重点及交涉时机的能力。但是尺寸要拿捏得好，绝对不可以太赶、太急促。一定要热衷于满足眼前的顾客才行。

③别忘记向顾客说声礼貌话。

“欢迎光临”“请稍候”“好的，请等一下”“抱歉”“让您久等了”“对不起”“谢谢光临”，在营业高峰时间可以灵活运用这些礼貌的招呼语。虽然这个时候大家都很忙，但是只要有人招呼一声，顾客就会觉得很心安，而在店里大量采购一番；相反，如果没有人跟顾客打招呼，顾客会觉得受冷落而丧失在店里采购的兴趣。

④中途离开必须征得顾客同意。

接待顾客中突然被打岔，或被其他顾客召唤时，必须征求现在接洽顾客的同意。

但是遇到这种状况时，一定要注意避免引起顾客的不高兴，所以在应对的时候，动作务必谨慎，保持一个融洽的气氛。

2. 错误应对

（1）错误话术：

①“您等一会，我这边在忙着，一会儿过去。”

②“您等一下，我先忙完这儿的顾客。”

③任凭顾客询问，无人应对。

（2）问题分析：“您等一会儿，我这边在忙着，一会儿过去”或“您等一下，我先忙完这儿的顾客”这类话明显让顾客有受冷落的感觉，也使顾客有遭受不公平待遇的感觉，但是顾客因为对品牌的忠诚还愿意再继续等下去试试看。此时，如果是一个没有任何好感的品牌，顾客仅存的给品牌“一点面子”的想法也就荡然无存了。需要注意的是，此种情况下顾客愿意留下来的话，完全是给知名品牌的“面子”，要不早就离开了。任凭顾客询问，导购无暇顾及，甚至视而不见是非常不礼貌的，常常有很多顾客都是这样被气跑的，心里面还会想“知名品牌的服务也就那么回事，看来质量也是吹嘘的，还是买别的牌子吧。”到手的钱就这样跑掉了，实在可惜，就连品牌的形象也慢慢丧失掉了，损失很大。

实操训练

1. 训练目标

通过不同场景顾客的迎宾接待实操演练，让读者熟练掌握门店迎宾动作、语言技巧，掌握顾客进店后接近顾客的时机与开场方式。

2. 训练要求

（1）门口迎宾站位和迎宾语的正确使用。

（2）微笑服务，热情自信。

（3）掌握不同场景和不同顾客的接待语言。

（4）能够根据顾客的行为找到合适的接近时机，正确开场。

（5）能够根据现场演练情况与顾客反应，有一定的现场应变能力。

3. 训练准备

（1）设计一个模拟卖场，准备好卖场商品、模特等道具。

（2）准备好顾客休息区、水杯等顾客服务工具。

（3）以4～6人为一个小组，组内成员轮流扮演顾客和导购。

4. 训练场景

【场景一】门口迎宾训练

根据迎宾站位要求，演练门口迎宾接待环节（区分新顾客、老顾客）。

【场景二】四种不同场景接近顾客的开场训练

（1）当顾客停留在橱窗前打量橱窗模特时，吸引她进店？

（2）顾客刚进门时导购根据顾客类型跟顾客打招呼？

（3）当导购和顾客热情打招呼，而顾客说“我随便看看”时如何应对？

（4）营业高峰时段“接一顾二招呼三”接待技巧训练。

5. 训练评价（表4－3、表4－4）

表4－3　迎宾训练评价

项目名称			活动小组			
学生姓名			场景角色			
类别	考核内容	分值	自评	小组评价	教师评价	得分
实操评价	迎宾时的站位是否正确	10				
	迎宾时的站姿是否正确	10				
	是否保持真诚的微笑	20				
	迎宾语是否符合标准	20				
	迎宾声音是否清晰、洪亮	20				
	迎宾状态是否热情、自信	20				
	总分	100				

表 4－4　接近开场评价

项目名称			活动小组			
学生姓名			场景角色			
类别	考核内容	分值	自评	小组评价	教师评价	得分
实操评价	职业形象是否符合要求	10				
	销售状态是否自信	10				
	是否做到微笑服务	10				
	接近时机是否正确	10				
	不同顾客的开场话术是否恰当	20				
	忙碌时是否做到“接一顾二招呼三”	20				
	针对顾客提出的问题是否能够及时随机应变	20				
	总分	100				

第五章　门店销售“九连环”之三——了解需求

章节导学：

导购盲目推荐商品，销售成功的概率非常低。商品的销售成功率取决于顾客的需求和商品的结合程度，销售成功的关键是把握顾客的真实需求。本章的重点在于帮助读者了解顾客消费需求的概念、分类，学会用赞美的技巧打开顾客的心门，并通过望、问、闻、切四部曲探寻和了解顾客需求，在销售中做到有的放矢。

学习目标：

1. 了解顾客需求的概念和特点。
2. 掌握打开顾客心门的武器——赞美。
3. 发掘顾客需求，提高购买力。
4. 学会从不同角度分析顾客的购买需求。
5. 学会用望、问、闻、切四部曲探寻和引导顾客需求。

第一节　顾客消费需求分析

【案例导入】

小白兔钓鱼

有一只小白兔，它看到隔壁的小花猫吃鱼吃得津津有味，也想开开荤，所以带着钓鱼工具去河边钓鱼……

第一天，小白兔去河边钓鱼，结果什么也没钓到……

第二天，小白兔又去河边钓鱼，还是什么也没钓到……

第三天，小白兔仍然去河边钓鱼，还是没钓到……

第四天，一条大鱼从河里跳出来，冲着小白兔大叫：“你再敢拿胡萝卜当诱饵，我把你拖进河里当诱饵!”

讨论：

故事中的鱼为什么如此愤怒？小白兔能钓到鱼吗？

一、为什么要了解顾客的消费需求

小白兔用自己最爱的胡萝卜去钓鱼，几天下来一无所获。在门店导购队伍中，同样也有很多导购不了解顾客的真实需求，就匆匆忙忙地按照自己的意愿向顾客推销商品，结果适得其反，顾客不仅不买单，反而产生厌烦心理，不再光顾门店。我们经常听到导购说："我们的顾客不需要""我们的顾客没有钱""顾客说要等一段时间"等一些听起来无可奈何、充满抱怨的声音，但是，很大一部分顾客流失的真正原因是由于导购不了解顾客的消费需求，没有在销售过程中找到顾客需要的商品。

很多导购员过于关注结果，急于求成，花了40%的时间促成交易，再用了30%的时间介绍商品，而需求评估和了解只占了20%的时间，而客户关系却几乎被忽视，所占的时间只有10%，他们把客户的关系和需求了解摆在最次等的位置，殊不知，顾客购买的绝对不是商品本身，而是消费需求和商品能带给顾客的价值，即商品对顾客需求的满足程度（图5－1）。

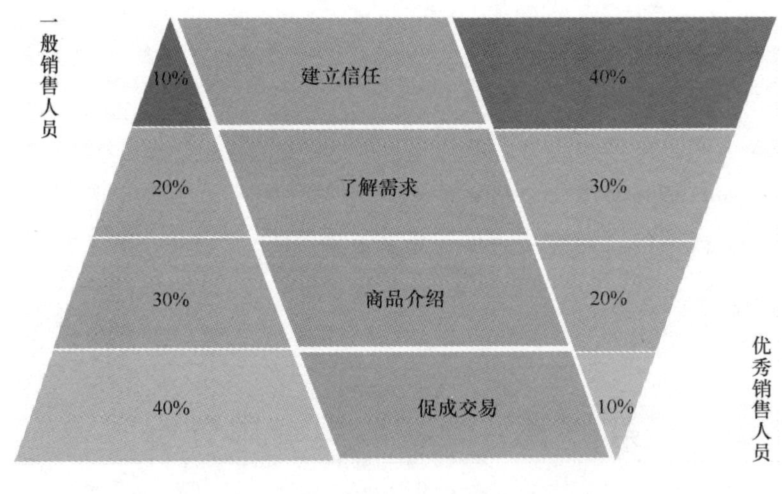

图5－1

优秀的有经验的导购，她们促成交易只占10%的时间和精力，商品介绍占20%，他们更愿意花30%的时间来了解需求，当然，了解顾客需求的前提是建立信任，所以他们会把40%的时间用来赢得客户的信任，因为顾客买东西之前一定会想，"他推荐的商品我可以相信吗？"

导购要经常站在顾客的立场上换位思考，花更多的时间去建立信任，了解顾客的需求，多问问自己：我所提供的这种服务是否能够让顾客满意？这个顾客想找什么样的商品？我推荐的商品是不是真的适合顾客？我是不是一个值得信任的导购？

二、顾客消费需求的概念

消费需求是指消费者对以商品和劳务形式存在的消费品的需求和欲望。当商品经济处于不发达阶段时，消费者的消费领域比较狭窄，物资欠缺，满足程度也受到限制，处于一种压抑状态。随着社会生产力的不断发展，企业将向市场提供数量更多，质量更优的商品，以便更好地满足消费者的消费需求。随着人们物质文化生活水平的日益提高，消费需求也呈现出多样化、多层次，并由低层次向高层次逐步发展，消费领域不断扩展，消费内容日益丰富，消费质量不断提高的趋势。

事实上，成功的导购不是去说服顾客，而是对顾客的需求做出最精确的定义，根据定义出来的需求推荐合适的商品。一般情况下，商品销售成功的概率取决于顾客的需求和商品的结合程度，所以销售成功的关键是把握顾客的真实需求，按照顾客的需求来对商品的款式、颜色、功能进行组合设计，提供给顾客一件最适合的商品。

三、顾客消费需求分类

1. 顾客对商品使用价值的需求

使用价值是商品的物质属性，也是消费需求的基本内容，人的消费不是抽象的，而是有具体的物质内容，无论这种消费侧重于满足人的物质需要，还是心理需要，都离不开特定的有一定的使用价值物质载体，例如，顾客买一台空调，一定是他觉得天气太热或者太冷，需要使用这台空调来帮他度过炎热的夏季或寒冷的冬天。

2. 顾客对商品审美的需求

对美好事物的向往和追求是人类的天性，它体现于人类生活的各个方面。在消费需求中，人们对消费对象审美的需要、追求，同样是一种持久性的、普遍存在的心理需要。对于消费者来说，所购买的商品既要有实用性，同时也应有审美价值。在消费需求中，人们对消费对象审美的要求主要表现在商品的工艺设计、造型、式样、色彩、装潢、风格等方面。人们在重视商品质量的同时，也希望该商品具有漂亮的外观、和谐的色调等一系列符合审美情趣的特点。例如，顾客购买一件衣服，她首先考虑的是是否需要这件衣服，这个颜色是否适合，穿出来效果怎么样，回家怎么搭配等。

3. 顾客对商品时代性的需求

人们追求消费的时代性就是不断感觉到社会环境的变化，从而调整其消费观念和行为，以适应时代变化的过程。人们的消费需求总是自觉或不自觉地反映着时代的特征。这一要求在消费活动中主要表现为：要求商品趋时、富于变化、新颖、奇特、能反映当代的最新思想。例如，我们最熟悉的苹果手机，很多人从 iPhone4、iPhone4S，到 iPhone5、iPhone5S、iPhone6、iPhone6s 一路追随，苹果手机的更新换代，就是满足顾客消费需求，不断创新的过程。

4. 顾客对商品社会象征性的需求

所谓商品的社会象征性是人们赋予商品一定的社会意义，使得购买、拥有某种商品的消费者得到某种心理上的满足。例如，有人想通过某种消费活动表明他的社会地位和身份；有的人想通过所拥有的商品来提高在社会上的知名度等。当顾客手上拎着 LV 等奢侈品包包出门的时候，她注重的并不是包包本身的质量，而是 LV 这个品牌带给她的尊贵感和自豪感。

5. 顾客对优良服务的需求

随着商品市场的发达和人们物质文化消费水平的提高，优良的服务已经成为消费者对商品需求的一个组成部分，"花钱买服务"的思想已经被大多数消费者所接受。对导购来说，要树立"全心全意为消费者服务"的宗旨，用优质、细心、周到的服务来打动顾客。例如，门店为顾客准备的茶水，为小朋友准备的玩具，下雨天准备的免费雨伞，售后的短信问候和电话回访等都是门店服务的内容，服务越好，顾客的成交率和回头率就越高。

第二节　了解顾客需求的角度

【案例导入】

过于热情吓跑顾客

上海某百货商场一男装品牌的导购，看到一名顾客靠近店面时，立即迎了出来。

导购："先生，进来看看吧，我们全场满 300 减 100，特别划算。"

当顾客走进后，该导购也是亦步亦趋。

导购："先生，看看这款 T 恤，今年新品，打折之后只要 399 元。"

见顾客没有反应，导购又推荐了一款羊毛衫。

导购："先生，这是去年秋天最流行的款式，现在特价了，只要 450 元，不买就太亏了。"

依旧没有得到回复的导购随后再寻出一件夹克衫。

导购："先生，这是……"

未等她开口，顾客反问："你知道我要看的是什么吗？"导购愕然。

顾客："烦死了，想找件短袖，听了这么多没用的话。"

顾客拂袖而去。

讨论：

顾客为什么拂袖而去？导购在销售过程中犯了什么错误？

从上面的案例中，我们发现，导购不了解顾客的消费需求，在销售中盲目地向顾客介绍或者演示商品，结果徒费口舌，不但没有把自己的商品的特色展示出来，还招来了顾客的反感，导致顾客流失。

西方营销界有一句广泛传颂的话：只有了解顾客，你才能驾驭顾客。我们中国也有一句话叫“对症下药”。我们都希望门店销售过程中不是导购在单方面的、毫无效果的话语声中以及在顾客无法控制的反对声中度过，怎样才能做到“对症下药”呢？这就要求我们从多方面、多角度了解顾客需求。

一、顾客个性

这里所说的个性，是指个人对情境做出的反应独特方式。有时，对一个顾客颇为有效的促销策略，用到另一位顾客身上却会收到适得其反的效果。在第二章中，本书介绍了四种不同的顾客类型，每种顾客类型有不同的性格特征和行为表现，而导购在接待不同的顾客时，也应该采取不同的方式和相应的话术，只有因人而异，“对症下药”才能事半功倍（表5－1）。

表5－1　不同类型的顾客的个性特征对比

	孔雀型	老虎型	熊猫型	猫头鹰型
时间安排	经常浪费时间/延误耽搁	时间安排相当紧凑	遵守时间/但安排较为宽松	充分利用时间/计划周详
形体语言衣着服饰	丰富生动新潮时尚	使用频繁剪裁讲究/无可挑剔	精确而慎大众款式	较为节制传统保守/朴实无华
向往追求	与人坦诚交往	获得成就荣誉	得到他人认可	保持言行正确
行为的检验标准	社会形象如何	事实结果	他人的评价	自我满意程度
对压力的反应	与情感对抗	与主观意识抗争	屈服顺从	放弃分析推理
行为举止	活泼外向	坚决强硬	轻松随便	直截了当/目标明确
沟通方式	善于交际/乐于提问和回答问题	关注结果/重视最低标准	照顾促销员的面子	注重真凭实据
性情气质	和蔼可亲	焦躁不安	平静随和	冷漠严峻
对待他人意见	注意力不集中	缺乏耐心	全盘接受	抱有怀疑
谈论话题	人际交往/奇闻轶事	成就荣誉	程序方法/组织体系	公司情况
处理问题	全神贯注/专心致志	指挥命令他人	对别人言听计从	对别人品头论足

二、预期的价格

导购可以通过询问顾客准备购买什么价位的商品来了解其需求，顾客预期价格的判断方法有两种：直接询问和间接判断。在了解顾客的预期价位后，导购可以有如下做法：对于购买力稍强的顾客，如果导购判断顾客的购买力比顾客说的预期价格有提升的空间，导购可以向他推荐价位差不多的或稍高的款式；对于购买能力稍弱的顾客，如果导购判断顾客的购买能力较低，导购可以向顾客推荐价位差不多或稍低的款式。需要注意的是，对于某些地区或某些顾客，可能对价格较敏感，导购需要掌握询问的技巧，根据当时的情况做出判断。

三、喜欢的款式

针对这个问题，我们只能在沟通中来了解顾客喜欢的款式。导购可以如此询问顾客：

您是喜欢机械的还是石英的手表呢？

您是喜欢棉质的还是涤纶的衣服呢？

您是喜欢深色的还是浅色的风衣呢？

您是喜欢坡跟的还是尖跟的皮鞋呢？

四、使用者

在某些情况下，导购会判断出顾客并不是给自己购买商品时的情境。例如，父母和小孩一起来店购买商品，夫妇对比较时尚款式的商品感兴趣时，导购应该询问是谁使用，并进一步了解顾客的需求，了解了使用之后，应该基于使用者的喜好，有针对性地介绍商品。

五、过去经验

有些顾客已经有一些商品的购买经验，或以前使用过类似的商品，从询问顾客过去的经验可以得到一些需求的线索，例如，“您身上今天穿的这款衣服，您觉得如何呢？”通常顾客会把自己对服装的不满说出来，而这些不满背后就隐藏着顾客的最主要需求。

第三节　了解需求，建立信任的武器——赞美

【案例导入】

用适度的赞美来拉近与顾客的关系

肖大姐是某家4S店的销售人员，一天，一位中年妇女走进了门店，肖大姐仔细观察了一下顾客的穿着打扮，判断出顾客购买力较强，便热情地上前打招呼，谁知道被顾客冷冷地回了一句，“你不要跟着我，我自己先看看，有需要了再叫你。”一副领导吩咐下属的样子，没办法，肖大姐只好不紧不慢地跟在了顾客后面。

逛了一圈，这位女士一句话也没说，看样子对店内的商品都不太满意，肖大姐再不出手顾客就要出门了。怎么办？情急之中，肖大姐张口说了一句，“美女，你这玉镯是在哪里买的啊？”一句话终于打开了顾客的话匣子，肖大姐对顾客的玉镯子赞不绝口，女顾客

更是喜笑颜开，两人相谈甚欢，在愉快的氛围中达成了销售。

讨论：

这位女士属于哪种顾客类型？为什么肖大姐在最后只用一句话就打开了话题？

一、赞美是销售最好的武器

在上述案例中可以发现，肖大姐从顾客身上的镯子下手，适度地赞美了一下顾客，顺利地撬开了顾客的“金口”。

世界著名销售大师原一平说：“赞美是销售成功的法宝。”人性中最渴望的就是获得他人的赞赏，一个人无论他从事什么职业，都渴望别人的重视和赞美，没有人会拒绝你对她说赞美的话。实际上，赞美与商品销售是具有很大关联性的，适度的赞美不但可以拉近人与人之间的距离，更能够打开一个人的心扉。顾客一旦得到导购的赞美，顾客的戒心就会降低，就开始对导购产生好感，开始愿意接纳，二者的距离就会被拉近。顾客也更愿意和导购沟通，这样导购就有机会弄清楚顾客内心真正的需求。

赞美顾客的内容有很多，包括赞美顾客的外表、能力、同伴、体貌、身材等。当然赞美别人也要讲究技巧，脱离实际的“赞美”只会让人感到虚伪和别有用心。因此，导购在赞美顾客时，要观察顾客的特点，巧妙回避其缺点，放大其优点。例如，可以这样赞美顾客：“您长得很像××明星！”“您这个发型挺不错的，在哪里做的？”“您的小孩子真可爱！”等，同时应注意在动作上做到面部放松、自然，并且保持微笑，同时眼睛要看着顾客，透露着真诚，语气要温和、亲切。

在门店销售中，赞美是成本最低但回报最高的服务，导购最忌讳的就是只谈生意不谈感情。作为一名合格的导购，特别需要用赞美的语言去满足顾客的心理需要，进而提升销售量。

二、赞美顾客应该遵循的原则

1. 寻找顾客可以用来赞美的点

赞美顾客是需要理由的，不可能凭空的制造一个点来赞美一个顾客，这个点一定是能够赞美的点，要有一个充分的理由来赞美顾客。要想成为“赞美高手”，必须练就“明察秋毫”的好眼力，例如，当顾客戴一副新耳环、拿一个新皮包、换了双新皮鞋，或者穿了套新衣服时，你不但要一眼就看出他（她）的“不一样”，还要适时地发出“惊奇”的赞叹声：“哇，您的耳环真漂亮！”等。

2. 发现顾客身上的一个优点

我们要发现顾客的身上所具备的优点和长处，这是导购大加赞美的地方，顾客的优点可以从多个方面来寻找，例如，顾客的事业、顾客的长相、顾客的举止、顾客的语言、顾客的家庭等，当然，这个赞美要是顾客的优点，只有赞美优点才能够让顾客感受到导购是在赞美他，如果导购不加判断地赞美了顾客缺点的话，那么事情只会适得其反。

3. 这个赞美的点对于顾客而言是一个事实

顾客的优点要是一个不争的事实，对于事实的赞美和陈述是导购对事物的基本判断，会让顾客感觉到，导购的赞美没有任何过度的地方，这样的赞美顾客会更加容易心安理得地接受，尽量少用“沉鱼落雁”“闭月羞花”等夸张的语言，让人很不自然。

4. 用自己的语言说出来

对顾客的赞美要通过导购自己组织的语言，以一种自然而然的方式，非常自然地表达出来，如果导购可以用非常华丽的词藻来说明一个在生活中和工作中经常遇到的事情，那么顾客则会认为导购是一个太过做作的人，顾客对导购的信任就会打一些折扣。

5. 在恰当的时候真诚地表达

对顾客的赞美要在适当的时机说出来，这个时候才会显得导购的赞美是非常自然的，同时对于顾客的赞美可以适当地加入一些调侃的调料，这样更加容易调节气氛，让顾客在心里感觉非常舒服。

三、销售中赞美的八大技巧

1. 赞美技巧一：逢物加价，逢人减岁

这是理念上的一个技巧，就是说，当导购看到顾客佩戴的饰品或者穿着服装时，要把其价格拉高，当看待顾客的相貌的时则把年龄拉低，目的是满足顾客的虚荣心。

2. 赞美技巧二：由整体赞美到局部赞美

很多人在赞美别人的时候，喜欢说很帅或者很漂亮之类的话，这些赞美的语言已经不是时下流行的赞美语言了，再说这样的话就有些恭维了，所以需要将赞美由整体到局部，赞美其某一个部分，例如，皮肤很白、妆化得很好、头发很柔顺、耳环很漂亮、服装搭配相当好、很有活力等，从头发到眉毛、眼睛、鼻子、嘴巴、耳朵、脖子、眼镜、耳环、项链、胖瘦、腰围、肩宽、胳膊长度、手掌、指甲、大腿、鞋子、手机、手链、包、领带、手表、戒指等都可以作为赞美的点。

3. 赞美技巧三：发现优点而不是发明优点

上面讲到的很多可以赞美的地方都会存在优点。但是导购不要去发明或创造一个优点，那也会显得过分恭维。

4. 赞美技巧四：由本人到同行人员

赞美不仅表现在顾客本人身上，也可以是顾客的子女、配偶或者其亲朋好友，这样也可以起到很好的效果。

5. 赞美技巧五：要有及时性

过期了或者还没有到来的事情，在赞美的时候要慎重，因为过犹不及。

6. 赞美技巧六：真诚并且以顾客的语言说出

赞美普通农民工不能用与赞美白领一样的语言，要适当、得体，要让顾客接受。

7. 赞美技巧七：一般情况下赞美要控制在3句话以内

赞美的话适当的情况下可以增加，这要看对方的表现情况。如果对方很乐意，那么就多几次赞美。但要注意过犹不及，否则会很明显地显露出功利性，就会对销售产生影响。

8. 赞美技巧八：赞美顾客的成绩或者爱好等外在的事物

例如，导购去一个顾客的工厂，可以赞美其工厂环境的整洁以及相关负责人为此所做出的努力。若在挂有字画的办公室，通过赞美顾客收集的字画，赞美其欣赏水平和修养等。

四、赞美顾客的注意事项

（1）如果是新顾客，不要轻易赞美，一定要仔细观察后，找对点再去赞美也不迟。在大家还不是很熟悉的情况下贸然地去赞美顾客，只会让其产生疑心乃至反感，弄不好就成了谄媚。

（2）如果是老顾客，下次来的时候一定要留意其服饰、外貌、发型等有无变化，有的话一定要即时献上导购的赞美，效果会非常好。

（3）赞美顾客时，导购一定要从具体的事情、问题、细节等层面进行赞美，例如，导购可以赞美其问题提得专业或者看问题比较深入等，这样会使顾客感觉导购的赞美很真实、真诚。

（4）对于尚未购买商品的顾客，也要通过赞美来坚定顾客购买的信心。

（5）顾客对导购以及商品进行肯定时，导购也要多以赞美的方式表达出感激，这样会让人感觉很受用！

五、学会寻找赞美点

很多时候，走进商场，大部分的导购介绍商品，赞美客人都是见了女性就是“漂亮”，见了男性就是“好帅”等千篇一律，这些赞美没有说服力，导购应该学会寻找独特的赞美点。

（1）对男性客人的赞美点：发型、额头、鼻子、西装、马甲、衬衫、领带、领带夹、气质、工作、事业、妻子、孩子、车子、房子、爱心、孝心……

（2）对女性客人的赞美点：发型、脸型、肤质、眼睛、眉型、身材、鼻子、嘴唇、脖子、项链、项链坠子、皮包、衣服、鞋子、气质、先生、孩子、工作……

（3）商品和客人结合的赞美点：魅力、飘逸、飞扬、风情、迷人、味道、纯真、清凉、温柔、时尚、冷酷、帅气、热辣、性感、有质感、柔软、风行、垂坠感、优雅、曲线、职业、闲情、柔情、激情、品位、与众不同、丰满、轻盈、个性、专业、华丽、高贵、欢快、浪漫、经典、细腻、艺术、朝气、奔放、大气、古典……

六、案例解析

【场景一】导购未找到话题切入点

一位身材高挑、皮肤白皙的美女顾客走进Y品牌专卖店。

导购上前招呼：“欢迎光临Y品牌，请随意挑选！”

顾客没搭理。

导购：“请问有什么可以帮到您吗？”

顾客还是没说话，随意拿起几件裙子看了看又放下。

导购：“小姐您想找裙子吗？我帮您介绍一下？”

顾客：“不用，我随便看看。”

导购：“哦，那您自己挑挑看吧。”

顾客逛了一圈之后，没找到喜欢的，独自离去。

导购：“谢谢光临，请慢走！”

【案例解析】

导购热情招呼，但是顾客反应冷淡，导购没有找到一个话题切入点，几个回合交锋后，便败下阵来，最终没有促成销售。

【场景二】导购找准赞美点进行话题切入

一位身材高挑、皮肤白皙的美女顾客走进Y品牌专卖店。

导购上前招呼：“欢迎光临Y品牌，请随意挑选！”

顾客没搭理。

导购：“请问有什么可以帮到您吗？”

顾客还是没说话，随意拿起几件裙子看了看又放下。

（导购开始仔细观察、打量顾客，寻找赞美点。）

导购走近顾客，小声惊呼：“哇，小姐你的项链是××牌子的新款吧，前两天我刚好在电视上看到大S带了跟你这条一模一样的款！”（发现顾客赞美点，适时赞美。）

顾客：“真的吗？大S也有这款？”

导购：“恩，配上您这条裙子很好看！”

顾客：“谢谢！”

导购：“您真有眼光，一挑就挑到我们家的新款！这件裙子是我们本周刚上的款式呢。”（赞美，并把话题引向商品。）

顾客：“哦？这件是你们新款啊？”

导购：“恩，这件裙子的设计风格很符合您的气质，不如您先试穿一下啊，这边请……”

（导购做出邀请手势把顾客引向试衣间。）

……

导购：“小姐，您身材真好，我在商场这么长时间，像您这样身材好的不多……”（针对顾客自身优点，再次赞美。）

顾客：“还好吧。”

导购：“小姐，您看，这件裙子不但非常舒适，而且优美性感的设计，把您的曲线美展现得非常完美……”（赞美顾客，顺便推介商品。）

顾客：“好像还可以。”

导购：“我们还有几款裙子也很符合您的气质，而且每款都很有特色，不如我拿给您一起试试，好吗？相信会带给您不一样的惊喜！”

顾客：“那好吧。”

……

顾客试完后很满意，最后成交两条裙子，一件外套。

【案例解析】

陌生的顾客走进我们的店里，赞美是最好的欢迎辞，立刻打破与顾客的距离感，同时更快地获得客人的好感，下面的推荐介绍就是顺水推舟，在销售过程适时加入赞美，使得整个销售过程变得轻松、自然。

第四节　发掘顾客的需求——望、问、闻、切

【案例导入】

老太太买李子

一条街上有三家水果店。

一天，有位老太太来到第一家店里，问：“有李子卖吗？”

店主见有生意，马上迎上前说：“老太太，买李子啊，您看我这里的李子又大又甜，还是刚进回来的，新鲜得很呢！”

没想到老太太一听，竟扭头走了。店主纳闷着：哎，奇怪啊，我哪里不对得罪老太太了。

老太太接着来到第二家水果店，同样问：“有李子卖吗？”

第二位店主马上迎上前说：“老太太，您要买李子啊！”

“嗯”老太太应道。

“我这里李子有酸的，也有甜的，那您是想买酸的还是想买甜的。”

“我想买一斤酸李子。”

于是老太太买了一斤酸李子就回去了。

第二天，老太太来到第三家水果店，同样问：“有李子卖吗?”

第三位店主马上迎上前同样问说：“老太太，您要买李子啊!”

“嗯”老太太应道。

“我这里李子有酸的，也有甜的，那您是想买酸的还是想买甜的?”。

“我想买一斤酸李子。”

与前一天在第二家店里发生的一幕一样，但第三位店主在给老太太秤酸李子时，和老太太聊天：“在我家买李子的人一般都喜欢甜的，可您为什么要买酸的呢?”

“哦，最近我儿媳妇怀上孩子啦，特别喜欢吃酸李子。”

“哎呀，那要特别恭喜您老人家快要抱孙子了。有您这样会照顾人的婆婆可真是您儿媳妇天大的福气啊!”

“哪里哪里，怀孕期间当然最要紧的是吃好，胃口好，营养好啊!”

“是啊，怀孕期间的营养是非常关键的，不仅要多补充些高蛋白的食物，听说多吃些维生素丰富的水果，生下的宝宝会更聪明些!”

“是啊！哪种水果含的维生素更丰富些呢?”

“很多书上说猕猴桃含维生素最丰富!”

“那你这有猕猴桃卖吗?”

“当然有，您看我家进口的猕猴桃个大、汁多、含维生素多，您要不先买一斤回去给您儿媳妇尝尝!”

就这样，老太太不仅买了李子，还买了一斤进口的猕猴桃，而且以后几乎每隔一两天就要来这家店里买各种水果。

讨论：

为什么老太太在第一家店没有买到李子？为什么只准备买李子的老太太在第三家店买了猕猴桃，还成了这家店的常客呢？三家店主要的区别在哪里？

这三家水果店的店主代表了三种不同的销售人员：第一个店主是一个不合格的销售人员，只是一味地告诉顾客自己的商品如何好，而不了解客户需要什么。第二个店主是一个合格的销售人员，懂得通过简单的提问，满足客户的一般需要。而第三个店主可以说是一个优秀的销售人员，他不仅了解和满足了顾客的一般需求，而且还挖掘了顾客的潜在需求。在这个阶段，销售人员已经从以前的拼价格转向做顾客信赖的顾问，帮助顾客分析问题、解决问题，获得顾客的信任。在面对顾客时，导购应该好好思考，如何更好地做到像第三家店主一样引导和创造需求。

老中医给人看病，习惯通过对病人进行“望、问、闻、切”全面诊断，先弄清病人的情况，然后再对症下药。做导购，也是如此，顾客的需求是千差万别的，不了解顾客的需求，就无法提供有效的服务，更不可能赢得顾客的忠诚。导购要学会观察顾客，了解顾客，询问顾客，从而判断顾客的需求和心理，才能和顾客找到共同语言，为销售找到突破点。

在门店销售中，我们通常可以通过“望、问、闻、切”的方法来了解顾客的需求。

一、望：观察顾客，揣测需求

在中医中的“望”，是四诊之首，分别是望神、望色、望体、望舌，探查病人的身体状况，掌握病体的基本信息。销售中的“望”，是察言观色，尤其对初次接触的顾客，顾客的外表、行为举止、与他人的谈话等都需仔细留意，在很多时候能帮助门店导购发现顾客的需求，从而为有针对性的销售做好准备。观察顾客的面部表情、言谈举止、穿衣打扮，每一个细节动作，并对顾客的身份、需求和心理做出初步的判断。

（1）观察顾客的穿着打扮，言谈举止，可大概判断其收入水平、职业范围、文化程度、兴趣爱好。还能对顾客的消费类型进行定位，顾客是理智型、冲动型、感性型，还是习惯型、多疑型或专业型，从而摸清顾客的消费动机和消费心理，确定下一步接触时应该采取什么样的策略。

（2）观察顾客面部表情，可以看出其心情如何，也可以知道顾客是来咨询还是购买的。如果顾客面无表情，脸色不佳，那在打招呼时，就要多加注意，谨慎至上，因为顾客可能心情不好。

（3）观察顾客进店以后的动作和行为，能发现顾客的潜在需求，例如，有的顾客看商品喜欢先看吊牌，说明他很关注价格，想买到价格合适的商品，而有的顾客喜欢先看衣服的款式，说明这个顾客更关注的衣服穿在身上的效果，价格是其次考虑的因素。

二、问：询问顾客，引导需求

【案例分析】

导购要善于问对问题

一名顾客进了一家手机城，进门后朝对面专柜走了过去，门店导购看有顾客来看手机，就非常热情地走了过来。当她看到顾客的眼睛盯着柜台里一部新款手机时，就马上说道：“先生，您好！是买手机吧。”

顾客说：“是啊。”

“那我把这款手机拿出来给您看看吧。”导购边说边把手机捧了出来，并向顾客滔滔不绝地介绍起来：300 万像素、蓝牙功能、MP4……现在购买还有大礼包赠送。

最后顾客问：“多少钱？”

“1980 元，您要不要？”

“我再看看。”顾客说完就走了。

顾客逛到另一个柜台，门店导购是一位小伙子。

“先生来看手机啊？”

“是啊。”

“你买手机是自己用还是送人啊?”

顾客说:“我家老人从老家过来了,想给他买个手机方便联系。”

“哦,您是买手机给老人家啊,给老人买手机我给您推荐一款。老人家视力不好,要买屏幕大点的,按键也大点的,好打好接就够了。这一款手机比较符合,而且还带有收音机功能,老人喜欢听广播,没事了当收音机也可以……”小伙子拿出一款手机,让顾客试听了下广播,顾客听着效果还不错,就问多少钱,他说:“现在特价,只要1980元。”

门店导购说完顾客就买单了。

从案例中不难发现,问对问题,也是销售成交的关键。中医的问诊时,医生询问病人发病的时间、具体症状等。只有“望”是不够的,还需要询问详细的病情。销售的过程同样如此,会有超过一半的时间用于对顾客的询问式交流。通过提问可以引起顾客的谈话兴趣,进一步了解顾客的购买欲望和消费能力,导购得到的信息越多,成功的机会也就越大。

门店导购在开始介绍自己的商品之前,应该先主动地询问顾客的需求。对顾客的询问方式,没有千篇一律的格式可以遵循,而是因人而异。一切取决于导购对顾客的判断,以委婉谦和、平易可亲为原则,切忌引起对方的反感。

导购必须掌握的提问技巧如下:

1. 问简单的问题

在询问顾客的时候,要尽量选择一些便于回答,有利于拉近顾客与导购距离的问题。例如:

(1)“您需要什么价位的衣服?”

(2)“您平时喜欢穿什么颜色的衣服?”

2. 问顾客回答“是”的问题

导购在销售过程中询问顾客的时候,要尽量选择要求对方回答“是”或者“不是”的问题,这样顾客会觉得导购所提出的问题是为顾客的情况所考虑的一种建议,这样也有助于消除隔膜,拉近双方的距离。例如:

(1)“所以质量是很重要的,您说是吧?”

(2)“运动休闲,最重要的是穿起来舒服,身体伸展得开,您说是吧?”

(3)“如果穿起来不好看,买回家也不会去穿它,反而浪费钱,您说是吗?”

3. 二选一的问题

同样的,当导购跟顾客提出二选一的问题时,顾客很容易针对导购的问题条件反射性地做出回答,这种问法一般是用在顾客有意向购买的情况下。例如:

(1)“您是喜欢橙色的还是绿色的?”

(2)“您要七分裤还是九分裤呀?”

(3)“您要一件还是两件呀?”

4. 问开放式问题

开放性问题是导购提出的没有指向性的问题，当顾客针对导购的问题做出了回答之后，导购可以进一步提出一些开放性的问题，以便了解顾客的需求，也有利于销售。例如:

(1)“您喜欢休闲一点的还是……?”

(2)“您比较注重的是面料，款式还是……?”

(3)“您喜欢的颜色是……?”

(4)“您喜欢的款式是……?”

(5)“您喜欢的风格是……?”

(6)“您想搭配什么颜色的上衣?”

(7)“您是打算什么时候或是什么场合穿着?”

5. 问封闭式问题

封闭式问题是有指向性的问题，顾客只能按照导购既定的方向思考。封闭式的问题有助于导购更清楚地了解顾客所希望购买的商品的特点，收集更多的顾客信息，便于有的放矢地进行推荐。例如:

(1)“您是想用来搭配外套吗?”

(2)“您想要用来送人的吗?”

(3)“这个款式有红色和白色，您想要什么颜色?”

(4)“您平常穿什么尺码的裤子?”

(5)“您平常喜欢宽松装还是修身装?”

(6)“您平常喜欢休闲一点还是时髦一点?”

三、闻：倾听顾客，判断要求

【案例情景一】

不懂倾听

病人到医院找医生看病，就像顾客到门店买东西一样。病人相当于顾客，医生相当于门店导购，如果医生像门店导购一样，会出现什么情况呢?

病人：大夫，您好，我来看病。

医生：您好，先生，欢迎光临。为了您就医方便，我给您介绍一下。您现在就诊的医院是一家省级甲等医院，本医院拥有一流的医疗设备与住院设施、高素质的医护人员、完美的医疗服务、低廉的医疗收费。无论您是想住院还是看门诊，我们都将提供一流的服务，我们的服务宗旨是一切为了病人，为了一切病人，为了病人的一切……

病人：唔?

【案例分析】

看到这段对话，一定觉得这个医生不会说话。但仔细一想，发现很多门店导购就像这位医生，当他们见到顾客时，总是迫不及待地向顾客介绍商品有多好，想以此来加强顾客的信赖感。

【案例情景二】

懂得倾听

病人：大夫，您好。我想看看病。

医生：你好，先生，哪里不舒服？

病人：我总是感觉到没精神，浑身没力气，食欲也不太好。

医生：是吗？从什么时候开始的？

病人：半个月前。

医生：（拿出诊断工具）伸出舌头让我看看。

病人：（配合）。

医生：是不是一到下午就有些头晕？

病人：是啊。

医生：晚上睡不着觉？

病人：是啊。半夜两三点都睡不着。

医生：半夜口渴吗？

病人：是啊，有时渴得很厉害，要起来找水喝呢。

医生：第二天早上起来的时候感觉嘴唇是不是很干？

病人：（用非常钦佩的目光看着大夫）干啊！干得厉害，甚至还有些开裂呢！

医生还问了一些问题，最终给病人开了些药，病人满意地离开了医院。

【案例分析】

这个案例与前面的背景一样，结果却迥然不同。第二位医生没有谈自己，却轻易赢得了病人的信赖，他通过提出专业的问题让病人感觉到自己的专业程度，然后通过倾听病人的回答来诊断病情，对症下药。在销售中同样如此，门店导购可以通过提问来表示对顾客的关心，轻松赢得顾客的信赖，在跟顾客对话的过程中导购可以弄清楚顾客的真正需求，切中他们的关心点就非常容易把商品卖出去。

医生是通过听病人说话、听病人呼吸等进一步判断病人的病情。而销售中的“闻”就是听，导购要善于倾听和琢磨顾客所说的每一句话，收集顾客本身以及顾客周边的信息。从顾客说的话中判断其需求，了解顾客的经历、心情及性格。一名优秀的导购，不仅应该能说会道，口才绝佳，更应该擅长倾听。因为导购与顾客的交流是双向的，导购不用心倾听顾客说话，将商品介绍得天花乱坠也毫无用处！当顾客说话时，不要打断，应该让他尽情地说。导购能做的就是适时提问，引导谈话的深入，在此过程中导购的首要任务是搜索对销售有用的信息，在脑海中汇总，为下一步介绍商品找到突破口，做好铺垫。乐于倾听的人，更容易获得顾客的信任和好感。

会听的门店导购通常能从聆听中迅速判断出顾客的类型以及真正的需求。

例如，顾客说：“这款商品太轻了！”但从这句话中并不能判断顾客认为这类商品是重的好还是轻的好，聪明的门店导购不会急于做出答复，而是先了解顾客的需要，了解顾客问这句话的真正意思，结果顾客的真正意思是说：“他家里有小孩，轻了容易歪倒，不稳。”门店导购顺藤摸瓜，这个时候可以说：“虽然它比较轻，但是有……（说些设计上的亮点），可以……（说出这些弥补带来的好处），并且……（再说出更多针对顾客说“轻”的设计弥补措施），要不，您试试?”

能说会道、口若悬河的门店导购未必能得到顾客的认可，相反，含蓄的门店导购反而容易获得顾客的认可，因为顾客觉得含蓄的门店导购诚实可信、值得交往。顾客可不希望和一个十分精明的人谈生意，这样他会处处提防。

倾听，优秀导购必备的素质之一，在与顾客的对话交流中，导购要善于捕捉销售信息，如顾客内在的需求、顾客的抱怨、期望、各种异议等，不仅要听到顾客表面的意思，还要听出顾客的弦外之音。做一个积极的聆听者，不仅要用点头或者赞同来表示对顾客话语的理解，还可以适时地发问，比一味点头称赞是或面无表情站在一边更有效，若有不清楚的地方最好请顾客再讲一遍。

【案例分享】

不错过任何一种机会

有位销售员，到一家工厂宿舍销售化妆品。在这里工作的女孩收入较低，并不经常购买化妆品，能够接受的价格也不高。她在宿舍走廊转了半天，也没卖出去一件，就在她准备离开时，突然听到经过的一个女孩的说话声，一听口音就知道这女孩是自己的老乡。导购觉得良机到了，于是就和女孩亲切地攀谈起来，聊了许多家乡的趣事。聊到最后，女孩主动帮她向工友销售商品，结果一下子就卖出了二十多盒。聪明的导购还和这些女孩约好，以后需要化妆品的时候，就给她打电话，她一定提供低于市场价格的商品。

四、切：针对需求，匹配商品

“望、问、闻”是基础，“切”是最关键的一步。中医的切脉，是根据脉象的变化来判断病情。销售的“切”，则是根据上述三步得到的信息，进行汇总分析，对顾客做出最全面的判断：他的购买欲望、购买力、对商品的要求以及其他各种信息。有了这一步，导购才能够有的放矢，采取合适的策略去推介商品，让顾客接受。

【情景案例】

善于运用“望、问、闻、切”销售技巧

某日，一位老太太（顾客）来到中国移动营业厅向营业员咨询业务。

营业员（即导购，下同）：您好！请问有什么可以帮到您？（望：观察顾客的衣着打扮，比较朴素，年龄大约50多岁，判断可能是一位“求廉”型顾客。）

顾客：你们移动打电话怎么这么贵？（闻：通过顾客的抱怨，坚定了顾客是“求廉”型顾客的判断。）

营业员：阿姨，您先别着急好吗？我马上帮您查一下。请问您是上个月话费比较高吗？

顾客：是的。

营业员：那请报一下您的电话号码，好吗？

顾客：×××××××。

营业员：×××××××，是吗？

顾客：嗯。

营业员：请出示一下您的身份证好吗？

顾客出示身份证，验证无误进行查询。

经查询，该顾客上月电话费的确比较高，原因主要是有两个长途电话打到沈阳，每次时间都在半个小时以上，而且是直接拨打。（闻：通过平台查询，获得了该顾客的话费信息等。）

营业员：阿姨，我给您看了一下。您上个月的电话费的确比平时高，原因主要是有两个长途电话打的时间比较长，两个电话都是打到沈阳的。

顾客：是吗？

营业员：阿姨，请问您平时打长途多吗？

顾客：以前不多的，现在主要是儿子到沈阳念大学了，所以要打长途的。

营业员：哦。是这样的。那每次电话，时间还会比较长吧？

顾客：当然了。（问：经过主动询问，基本了解到顾客的需求，基本确定拟向顾客推荐的商品。）

营业员：阿姨，您看，您以后可能每个月都要打长途，每次的时间也挺长，而您现在是直接拨打长途的，这样的话费用比较高。（切：分析顾客的现状，指出现状的问题。）

顾客：嗯。

营业员：您这样的情况，我们中国移动有一个特别适合您的商品，叫×××××，特别便宜，打45分钟长途电话才1.99元，非常划算。这是宣传单页，您可以看一下！（切：推出商品，同时引发顾客的兴趣。）

顾客：我看一下。

营业员：你用这个打长途，肯定特别划算。像您上个月的5日，长途总共打了差不多32分钟，总共的费用是22.26元。而如果您用×××××打长途，费用就是1.99元，再加上市话接入费，是3.1元，总共才5.1元，要比22元划算多了，你说是不是？（切：指

出商品对于现状能够带来的改变，并着重强调了改变之后的价值——省很多钱。）

顾客：这么划算啊。那这个×××××怎么用啊？

顾客已经对商品产生了浓厚兴趣，对×××××产生了明确需求。

【案例分析】

通过以上案例不难看出，营业员在接待顾客的过程中很好地应用了“望、问、闻、切”销售技巧，并且最终达到了预期效果。首先，营业员通过观察顾客的衣着打扮，发现其比较朴素，年龄大约50多岁，判断可能是一位“求廉”型顾客。这就是“望、问、闻、切”中的“望”了。接下来，营业员经过主动询问，基本了解到顾客的需求，确定拟向顾客推荐的商品，这就是第二步“问”了。接着，营业员通过顾客的抱怨，坚定了顾客是“求廉”型顾客的判断，这就是第三步“闻”了。最后，分析顾客的现状，指出现状的问题并且推出商品，同时引发顾客的兴趣，这就是最后一步“切”了。营业员在整个过程中很流畅地应用了“望、问、闻、切”四部曲，成功引导顾客购买满意的商品。

总之，销售就如同医生给病人看病，“望、问、闻、切”是导购销售的四种有效的武器，精通“望、问、闻、切”四种技巧，尽可能多地了解顾客，并做到因人而异，导购就可以在销售中有的放矢，百战百胜，学会并熟练使用这四种技巧，必将帮助导购员牢牢地抓住顾客。

实操训练

1. 训练目标

通过训练掌握赞美顾客的技巧，通过“望、问、闻、切”发掘顾客需求，引导顾客购买，让顾客获得完美的购物体验。

2. 训练要求

（1）行为举止符合服务质量检查规范（较好的仪容、仪表、仪态）。

（2）能够做到微笑服务并正确使用肢体语言。

（3）能够根据案例情况，使用正确的赞美语言。

（4）通过“望、问、闻、切”大概判断出顾客需求并推荐合适的商品。

（5）在演练过程中，具备一定的临场应变能力。

3. 训练准备

（1）设计一个模拟卖场，准备好卖场商品、模特等道具。

（2）准备好顾客休息区，水杯等顾客销售服务工具。

（3）以4～6人为一个小组，组内成员轮流扮演顾客和导购。

4. 训练场景

【场景一】赞美训练

给小组内某个成员设定一个身份（如带孩子的女性顾客），其他成员轮流对其进行赞美，找出这个顾客身上所有的赞美点以及她穿上商品后与商品结合的赞美点。

【场景二】了解需求

顾客进店，导购用赞美拉近距离，然后通过“望、问、闻、切”了解顾客需求，引导顾客购买。

5. 训练评价（表5－2、表5－3）

表5－2　赞美训练评价

项目名称			活动小组			
学生姓名			场景角色			
类别	考核内容	分值	自评	小组评价	教师评价	得分
实操评价	服务礼仪是否符合规范	10				
	是否保持真诚的微笑	10				
	语气是否自然、真诚	20				
	赞美点是否是顾客身上的优点	20				
	赞美语言的使用是否合适	20				
	赞美时的眼神交流是否自然、亲切	20				
	总分	100				

表5－3　了解需求评价

项目名称			活动小组			
学生姓名			场景角色			
类别	考核内容	分值	自评	小组评价	教师评价	得分
实操评价	服务礼仪是否符合规范	10				
	销售沟通中状态是否自信	10				
	是否做到微笑服务	10				
	是否能通过观察抓住顾客需求，正确开场	10				
	问的问题是否简单清晰，回答YES	10				
	问问题的方式是否正确	10				
	问问题的过程中是否积极倾听	10				
	对顾客的需求把握是否准确	20				
	现场是否能够随机应变	10				
	总分	100				

第六章　门店销售“九连环”之四
——商品介绍

本章导学：

一名优秀的导购，仅靠微笑和良好的服务心态是远远不够的，只有充分了解商品并掌握正确的介绍方法，才能更好地结合顾客需求为顾客推荐合适的商品，进而成为顾客信赖的专业顾问。本章的重点是帮助读者掌握正确的商品介绍方法，学会向顾客推销商品，激发顾客的购买兴趣。

学习目标：

1. 了解导购必须掌握的商品知识。
2. 养成学习商品知识的 8 个好习惯。
3. 掌握商品介绍常用方法。
4. 学会如何激发顾客的购买兴趣。
5. 熟悉 FABE 销售话术。

第一节　导购就是商品专家

【案例导入】

了解商品相关知识

一位穿着讲究的男性顾客走进某电脑专卖店。

导购：早上好，欢迎光临××专卖店。

顾客：这个笔记本电脑多少钱啊？

导购：这是价格单，您看，1.8 万元。

顾客：怎么这么贵啊，戴尔同样配置的电脑只要 1.2 万元。

导购：先生，我们这款电脑与戴尔那款不一样。

顾客：有什么不同？配置都是 1.6G 主频的迅驰处理器，14 英寸屏幕，60GB 硬盘和 1G 内存的笔记本电脑。

导购：嗯，您看看我们这台电脑的表面，是不是与众不同？

顾客：看不出来。

导购：这台电脑的外壳采用飞行碳纤维，可以抵御高温，一般笔记本电脑的塑料外壳在摄氏50度的气温下就会变形，而且这种材质比塑料耐磨度好10倍左右，因此，您使用5年之后，既不会因为高温而变形，也不会像塑料外壳笔记本电脑那样掉色。您再试试键盘，手感不错吧，普通电脑下面只是一片橡胶，如果手指敲在按键的边缘，完全不知道自己是不是按下去了，而且老化之后按键就不再弹起，手上一点感应都没有，严重的还要花钱更换新的键盘。我们这台电脑的86个按键下面都采用四根银质弹簧设计，很好地解决了这个问题，银质弹簧使用上百万次仍然保持弹性，而且无论从哪个角度按下去都有最佳的手感。

顾客点点头轻轻敲着键盘说：“难怪你们的电脑卖这么贵。”

讨论：

导购从哪些方面来介绍电脑商品？为什么顾客会认同他的说法？

一、导购必须掌握的商品知识

案例中的导购非常专业，通过先观察顾客的着装打扮，年龄职业的信息，初步确定顾客类型，接下来针对顾客提出的价格异议，从电脑的外壳、键盘、材质、高科技含量等多方面介绍本店电脑的特色，给顾客逐一介绍并现场演示，做到让顾客心服口服。

在新商品层出不穷、日新月异的时代，作为导购，仅靠微笑和良好的服务心态是远远不够的。为了满足顾客的要求，导购必须学习商品的各种知识，只有对商品有了相当程度的认识和了解，才能更好地为顾客推荐和介绍合适的商品，才能做好顾客的专业顾问，与顾客建立信任。

导购必须掌握的商品知识包括：

（1）商品基础知识，如品牌名称、产地、款号、分类、价格、制造工艺、使用方法、洗涤保养等。

（2）商品的卖点提炼以及商品卖点与顾客消费需要的结合，如关于商品本身特性、使用商品时的相关特性以及顾客使用商品时得到的好处。

（3）商品的背景知识，即与商品密切相关的市场知识。因为在销售过程中，有时导购仅仅告诉顾客关于商品的数据、性能的知识是不够的，还要对她们进行必要的解释，找出事实依据，才能使顾客心服口服。

（4）竞争品牌知识、了解竞争品牌的优势劣势、新品和当下的促销活动、价格体系。

（5）商品的经营政策，特别是那些与顾客直接有关的政策，如换货原则、优惠政策等。

二、商品知识的获取方式

（1）正规培训：公司组织的正规培训。

（2）自己使用和研究：自己亲自使用商品，以体会使用时的优缺点；参观工厂，学习制作工艺。

（3）请教老员工：通过平常的营业活动，向老员工或者上司学习。

（4）从顾客处学得：从顾客的反映、经验交谈中学习。

（5）查阅媒体：书本、杂志、网络等。

（6）市场调研：通过市场调研，学习同行的优势。

三、学习商品知识的八个好习惯

（1）对于销售的商品，努力吸收知识。

（2）面对顾客提问，能活用所吸收的知识及他人的经验。

（3）经常阅读报纸、杂志、商品手册等。

（4）经常向店里的其他优秀导购学习。

（5）咨询顾客对于商品的感想及意见。

（6）自我反思，为何有的商品畅销，有的滞销。

（7）经常检查、研究新商品。

（8）有不清楚的地方，立刻向上司和老员工反映、请教。

四、优秀导购经常问自己的五个问题

（1）今天这位顾客为什么买了我的商品？

（2）今天这位顾客为什么没买我的商品？

（3）顾客购买我的商品能得到哪些好处？

（4）我的商品有哪些优势？

（5）我的商品与竞争商品有哪些不同？

第二节　打动顾客的商品介绍

【案例导入】

用专业知识让顾客打消顾虑

一位大姐走进某电动车专卖店买电动车，她看中一台颜色鲜艳的红色电动车，但是担心骑一段时间后电动车的烤漆会掉色。

导购自信地说：“大姐，您放心，我家电动车的烤漆采用的是四喷五烤工艺，也就是汽车漆的工艺。这种烤漆有什么好处呢？它不掉色、不褪色、不起皮，骑两年像骑了半年，别家的车，可能骑半年像骑了两年。大姐，我说这话您可能不相信，觉得夸大其词，您看门口那辆电动车，这两年您很少看到了吧？我都骑四年了，您看那烤漆是不是还跟新的一样？”

顾客听完后半信半疑：“是吗？你肯定说自己的车好。”

导购见顾客不信，点燃打火机从塑件烤漆表面上滑过：“塑件为什么会褪色？如果烤漆不好，在太阳底下高温暴晒肯定褪色。打火机的温度有多高？有300多度。

你看，经过300多度的高温，都不掉色、不褪色、不起皮，在太阳底下晒更不会褪色！您摸摸看，是不是很烫?”

顾客一摸，确实很烫，立马打消了顾虑。

讨论：

案例中的导购用到了几种商品介绍方法？是什么打消了顾客的顾虑？

一、商品介绍常用方法

在这个案例中，导购同时用到了很多种商品介绍的方法，针对顾客担心的问题，非常专业地介绍了烤漆的工艺、特点、好处，同时与竞争品牌的质量做了对比，并用自己的车实例证明，顾客不信，又采用现场火烧法，让顾客眼见为实，并让顾客亲手触摸，参与体验，最终成功打消了顾客的顾虑。

优秀的导购，要善于针对不同的顾客选择不同的商品介绍方法，通过导购生动的解说和展示来打动顾客的心弦。那么，门店导购常用的商品介绍方法有哪些呢？

1. 体验法

在门店销售中，只要有可能，应当由顾客自己来亲身体验商品，这样，不仅能够引起顾客对导购所推销的商品的兴趣，而且可以增强顾客对导购推销商品的信心，将商品介绍和顾客的体验融为一体，往往在不经意间达成交易。如果导购只是凭嘴巴向顾客介绍的话，起到的效果就非常有限。所以，要增加业绩，最有效的方法是调动顾客的积极性，善用实物效果会更加显著。当导购以实物去展示时，或让顾客亲自试穿、试吃、试戴、试用时，让顾客自己发觉商品的优点，从而有力地克服顾客排斥的心理障碍。例如，店铺主营的耐摔行李箱，为了打动顾客，导购可以让顾客亲身体验行李箱的耐摔特性，让顾客各种摔打尝试商品性能等。

2. 实例法

利用一些动人的实例来增强导购介绍商品的感染力和说服力，过程中可以举很多的销售实例让顾客感同身受，包括其他顾客对商品的评价，甚至是有些不满意的地方，通过第三方的感受来表示，具有强大的说服力。

3. 利益法

顾客买的不是商品或服务，买的是利益，或者说是商品和服务能给顾客带来的好处。利益法的要点是掌握顾客的关心点，然后进行重点突击。针对同一种商品，每位顾客购买的理由可能会不一样，但结果都是选购了这款商品，有的是因为比较喜欢某种色彩而购买，有的是因为喜欢款式而购买，有的是因为价位适合而购买，有的是因为商品的风格能代表顾客的个性而购买。因此，掌握顾客关心的重点，仔细地诉求，证明商品能完全满足顾客的需求，是展示说明时的关键重点。

4. 情感法

顾客确定购买商品的过程，实际上是出于情感上的冲动，并不是完全出于理性的分析。令顾客冲动的是心情，令人冲动的方法就是“攻心为上”，如何打动顾客的心，让顾客产生拥有的渴望是成功导购最高明的方法。

5. 正反法

不论什么样的商品，总会有缺陷，注意正反对照，突出利益点，往往可以使顾客在认识到商品缺点的同时，又能对商品的优点留下深刻的印象，这种优缺点同时并举的双面展示方法特别适用于文化程度较高的顾客。当然，导购进行商品介绍的方法有很多，最关键之处是导购自己要不断地总结，经过不断的积累，就可以进行沉着、自信而流畅地表达，引起对方的共鸣，并且激发顾客的购买欲望，实现销售上的突破。

6. 对比法

在介绍商品时如何与竞争商品做比较？

（1）不要随便贬低竞争对手以及商品。不切实际地贬低竞争对手，只会让顾客觉得导购不可信赖。

（2）提炼独特卖点。独特卖点就是竞争对手不具备的独特优势，正如每个人都有独特的个性一样，任何一种商品也会有其独特的卖点，在介绍商品时突出并强调这些独特卖点的重要性，能为销售成功增加不少胜算。

（3）拿自己的三大优势与对手三大弱点做客观比较。俗话说：“货比三家”。任何一种商品都具有自身的优缺点，在做商品介绍时，导购可以列举商品的三大强项与竞争商品的三大弱项进行比较，即使同档次的商品被导购有理有据的客观一比，商品的好坏就立即出现了。

7. 三动法

很多企业常把导购热情服务、主动接待挂在嘴边。那么，什么叫主动接待呢？怎样接待顾客才算主动呢？我们可以将“主动”分解为“三动”。第一个“动”就是“让自己动起来”，导购自己要动起来，见到顾客的时候心情要激动，进而嘴动、手动、身体动，让顾客感动。第二个“动”就是“让商品动起来”，给顾客演示，让商品动起来，让顾客知道货是好货，怎样好，好在哪，对顾客有什么好处。第三个“动”就是“让顾客动起来”，让顾客参与到商品的演示中来，让顾客动起来，觉得导购说的话是真实的，演示的商品卖点确有其“实”。

8. FABE 商品介绍法

详见本章第三节。

二、如何激发顾客的购买兴趣

1. 让顾客了解商品的竞争优势

面对市场上越来越多的同类商品，不了解具体情况的顾客通常会认为导购所销售的商品与其他门店的商品大同小异。如果导购不能及时让顾客了解自身商品的竞争优势，那么就很难引起顾客的注意，更无法使顾客对商品产生强烈兴趣。

让顾客充分了解商品的竞争优势有三大原则：

（1）及时：尽可能在最短时间内说明商品的优势。

（2）有效：导购所介绍的商品优势必须符合顾客期望，直达顾客内心。

（3）真实准确：要保证导购所提供的商品信息真实可靠、数据准确。

2. 向顾客请教对商品的意见

对于市场上的同类商品，不同的顾客常常会因为其具体需求不同而对商品的兴趣点也各不相同。面对这种情形，导购可以通过向顾客真诚地请教，了解顾客的需求，然后，根据顾客提出的具体意见再向顾客推荐最符合其需求的商品。这种做法既可以有效摸清顾客的实际需求，帮助导购灵活巧妙地采取相应的应对措施，同时还可以集中顾客的注意力，让顾客更积极地参与到销售活动当中来。

【情景案例】

顾客在4S店看车。

门店销售人员：“刚刚所说的只是对我们紧凑型SUV车型一些简单介绍，实际上我们还有紧凑型、小型车的多种优惠车型。您看您需要什么款式的车型，同时对小轿车有什么要求呢?”

顾客：“我希望是小型的、六座的，这样既经济，我们四口之家也够坐。”

门店销售人员：“我们有一款是六座小型车，排量为1.5T，其中后备箱比较大，同时后座可以完全收起来，必要的时候可以放大物件货品，也可以放婴儿车。您看您方便试驾一下吗?”

顾客：“那太好了，我试驾感受一下。”

3. 强调商品带给顾客的利益和价值

顾客在做出购买决定之前，可能会更多地考虑自己在这场交易中能够获得哪些益处。对于顾客的这种心理，导购在推荐商品给顾客时，要通过强调商品带给顾客的利益和价值来让顾客觉得物超所值，激发顾客的购买欲望。

4. 协助顾客解决面临的难题

如果商品恰好有助于改善或有效解决顾客正在面临的问题，那导购就要抓住时机告诉顾客商品所具有的这些优势，甚至可以采用试用等方式让顾客充分感受商品在解决难题过程中的种种优越之处。如果商品能够协助顾客有效解决令他们感到困扰的难题，那么商品的竞争优势不用你来介绍顾客就已经有了深切感受，这种很快见到实效的方式往往更能激发顾客的购买欲望。

三、商品介绍的注意事项

（1）保持良好的姿势和语气。

（2）熟练掌握商品知识，拥有丰富的商品知识是达成销售的必要条件。

（3）避免用太多专业的名词术语，力求从顾客角度出发完成简明易懂的商品介绍。

（4）介绍商品时要有自信，不能含糊其辞。

（5）仔细聆听顾客的提问，抓住重点加以引导，巧妙介绍商品的优势和卖点。

（6）根据顾客的不同类型，选择不同的介绍方式。

（7）描绘商品使用后的效果，引起顾客的联想。

（8）经常让顾客切身感受。

（9）强调商品价值，尽可能把价格放在最后谈。

（10）在介绍商品时注意，观察顾客是否对商品或介绍感兴趣，若顾客漠不关心或表示反感，则马上停止介绍。

第三节　FABE 销售法则

【案例导入】

猫和鱼的故事

（1）一只猫非常饿，想大吃一顿。这时销售员推过来一沓钱，但是这只猫没有任何反应——这一沓钱只是一个属性（Feature）（图 6－1）。

（2）猫躺在地下非常饿了，销售员过来说：“猫先生，我这儿有一沓钱，可以买很多鱼。”买鱼就是这些钱的作用（Advantage）。但是猫仍然没有反应（图 6－2）。

图 6－1

图 6－2

（3）猫非常饿了，想大吃一顿。销售员过来说：“猫先生请看，我这儿有一沓钱，能买很多鱼，你就可以大吃一顿了。”话刚说完，这只猫就飞快地扑向了这沓钱——这个时候就是一个完整的 FAB 的顺序（图 6－3）。

（4）猫吃饱喝足了，需求也就变了——它不想再吃东西了，而是想见它的女朋友了。那么销售员说：“猫先生，我这儿有一沓钱。”猫肯定没有反应。销售员又说：“这些钱能买很多鱼，你可以大吃一顿。”但是猫仍然没有反应。原因很简单，它的需求变了（图 6－4）。

图 6－3

图 6－4

讨论：

为什么前两次，猫看到钱没有感觉？销售员的话术第三次跟前两次的主要区别在哪里？

当猫吃饱了以后，同样的话术为什么不管用了？

一、什么是 FABE 销售法则

上面这四张图很好地阐释了 FABE 法则：导购在推荐商品的时候，用“F、A、B、E”的顺序介绍商品，更能将商品信息全面准确地传达给顾客，从而有效地打动顾客。

简单地说，FABE 法则就是根据商品自身的性能特点，在找出顾客最感兴趣的各种特征后，进一步分析这一特征所产生的优点，同时找出这一优点能够带给顾客的利益，最后拿出证据，进一步佐证它，证实该商品确实能给顾客带来这些利益。FABE 推荐法是非常具体、具有高度、可操作性很强的利益推销法。它通过四个关键环节，极为巧妙地处理好了顾客关心的问题，从而顺利地实现商品的销售。

商品推销话术 FABE 适用于任何商品的推销，那 FABE 每个英文字母都各代表什么意思呢？“F”为特性（Features）；“A”为优势（Advantages）；“B”为利益（Benefits）；“E”为证据（Evidence）。

1. “F”——商品的特性

“F”是顾客眼睛很直观看到的商品外在的特征、特点以及商品的材质等。商品外在的特征即“长相”，是长方形还是正方形，厚的还是薄的，这些说的都是商品的特征，推销商品、讲解商品的特征只是其中一部分，特征一定要介绍，不然同样品牌的商品在很多个品项中，没有差异化特性的商品就不能区别它的档次及消费层次，也无法区分商品的功能利益点，没有差异化的外在特征，卖点的讲解就没有依据，这也是商品卖点提炼的依据来由之一。如服装的颜色、款式、面料、板型、工艺等。

2. “A”——商品的优势

“A”是在讲解商品的“F”特征基础上进行的延伸，导购只讲解商品有什么特征是不够的，还要告诉顾客商品的特征有什么优势。

3. “B”——商品带给顾客的利益

作为导购，在推销商品的时候会讲到商品的特征，然后由商品的特征告诉顾客商品的优势，这只是进入了第二步，真正顾客关心的是商品能够带来什么利益？能够解决什么问题？

FABE 商品推销法则中“B”讲解商品的利益点是最关键的，有经验的导购善于抓住顾客的购买心理，讲解商品的利益点，讲解购买商品带来的好处，或有什么优点，真正触动顾客购买商品的是商品带来的利益及商品所带来的好处。在给顾客介绍商品时，导购人员一定要兴奋起来，要情景化，要让顾客感觉购买的商品是相当物有所值的。

4. “E”——有说服力的证据

“E”代表的是所卖的商品有什么权威的数据及文字来支撑商品的特征优势及利益点，就是证明商品的优势特征是有所依据的，有证据说明的。例如，顾客亲身体验，其他顾客的使用效果，店内的销售数据，有说服力的权威数据、证书等。

二、FABE 销售法则案例解析

FABE 销售法则对导购的商品知识要求比较高，要求导购了解与商品有关的多方面知识，包括：了解企业的历史，便于导购与顾客交流，并忠诚的代表该企业和该商品；了解商品的生产工艺和制作方法，以便能向顾客介绍商品的性能和质量；熟悉商品所有的性能和使用方法，以便说服顾客，并向顾客示范该商品；熟悉企业竞争者及其商品，以便进行比较，从而突出自身的竞争优势；熟悉商品的发货方式和售后服务的运作，以便让顾客放心购买，无后顾之忧。

下面，用具体的商品卖点来看看如何提炼 FABE 销售话术。

【案例解析】一件红色 T 恤的 FABE 卖点提炼（表 6－1）

表 6－1　红色 T 恤的卖点提炼

F（特性）	A（优势）	B（利益）	E（证据）
纯棉质地	吸水性强、透气性好、无静电产生	柔软、舒适、吸汗、透气、不会刺激皮肤	请顾客触摸、让顾客试穿、展示画册、演示搭配效果、用顾客案例证明
网眼布织法	挺直、不易皱	透气、舒服	
红色	颜色鲜艳	穿起来显得特别有精神	
小翻领	款式简单	自然、大方	
长短脚	配合人体设计，手伸高弯腰不会露背	保持仪态、穿着舒适	
拉架的领\袖	富有弹性、不易变形	穿得自然，得体	

续表

F（特性）	A（优势）	B（利益）	E（证据）
十字线钉纽扣	不易掉纽扣	耐用	请顾客触摸、让顾客试穿、展示画册、演示搭配效果、用顾客案例证明
肩位网底双针	不变形、坚固	保持衣形、耐用	
人字布包边	不易散口	舒服、耐穿	
标志	电脑绣花，做工精细	醒目、有型	
中文洗涤标识	方便参考	提供方法、方便	
备用纽扣	配套纽扣	不怕掉纽扣	

【导购话术】

以纯棉质地为例

我们这件T恤采用的是纯棉面料（F），所以吸水性强、透气性好、无静电产生（A），您穿上以后非常柔软舒适、吸汗透气、不会刺激皮肤（B），来，您可以贴肤感受一下它的舒适度（E）……

【案例解析】新奥德赛汽车卖点（表6-2）

表6-2　新奥德赛汽车的卖点提炼

新奥德赛汽车			
F（特征）	A（优势）	B（利益）	E（证据）
驾驶席：座椅八方向电动调节	电动八方向调节，副驾驶席电动四方向调节	调节更加方便，提高了驾乘的舒适性	邀请顾客试驾：方向调节座椅可以让您找到最适合您的坐姿，就算长途驾驶您也不会感到疲劳了
V字形座椅布局	V字形座椅布局，可以令每一位乘员均能享受到新一代奥德赛爽快的全景视野	您及您尊敬的乘员都获得了空间感、宽敞感、高级感、舒适性的全面提升	邀请顾客试坐：相信愉悦的驾乘感受，能协助您带来无论工作还是家庭的巨大成功
第三排乘员腿部、膝部空间提升	低底盘的设计为第三排乘员腿部、膝部空间的提升作出了巨大的贡献	乘员腿部、膝部的空间大，乘坐舒适。第二排座椅的前移踏板方便第三排成员控制，加上后排车门开口的扩大更加方便第三排乘客的出入	邀请顾客亲自操作感受一下：是不是很舒适、进出很方便呢

续表

新奥德赛汽车			
F（特征）	A（优势）	B（利益）	E（证据）
多模式座椅组合	可以实现五大座椅的组合：实用模式/加长模式/超容量模式/睡眠模式/钓鱼模式	操作简便，适应各种需求，提供灵活多变的内部空间，延续多功能轿车的大空间特性，将多功能轿车的操作便利性演绎到极致，使乘员得到极为便利的乘坐感受	给顾客演示一遍并邀请顾客体验：怎么样？后排可以变成一张床，如果您累了的话还可以躺下休息。可以观海、钓鱼，很时尚、浪漫。设想一下，车辆开到湖/海边，设好钓鱼模式，坐上去，面向湖面/大海，是不是很惬意

【导购话术】

以多模式座椅组合为例

先生你看，我们这款车型采用的是多模式座椅组合（F），所以它可以实现五大座椅的组合：实用模式/加长模式/超容量模式/睡眠模式/钓鱼模式（A），您买回去以后，操作简便，适应各种需求，提供灵活多变的内部空间，延续多功能轿车的大空间特性，将多功能轿车的操作便利性演绎到极致，使乘员得到极为便利的乘坐感受（B），（边说边给顾客演示一遍并邀请顾客体验）怎么样？后排可以变成一张床，如果您累了还可以躺下休息。可以观海、钓鱼，很时尚、浪漫。设想一下，您把车辆开到湖/海边，设好钓鱼模式，坐上去，面向湖面/大海，是不是很惬意？（E）……

三、FABE 销售语言模式

参考上面的话术案例，可以把 FABE 销售语言模型总结为：

“因为……F，所以……A，您用了以后（对您而言）……B，您看……E”

初学者可以把提炼出来的卖点 F、好处 A、带给顾客的利益 B、证据 E 直接往这个语言模型里面套用，熟练后就可以灵活运用了。

四、FABE 销售话术运用的注意事项

（1）动作规范标准：导购在作展示时，要求步骤清新明了，动作娴熟，同时要留意语言和动作的规范化和标准化。

（2）推荐商品的依据是顾客的需求，只有了解顾客的需求后，才能有针对性地用 FABE 销售法推荐商品。

（3）留意顾客反应：用 FABE 法向顾客展示商品时，要仔细询问和细心观察顾客的反应，领会顾客真正的购买动机。

（4）带动顾客参与：邀请顾客参与体验和示范，可以引起顾客更大的兴趣，给顾客留下更加深刻的印象。

（5）把握时机：在与顾客有限的洽谈过程中，导购要把握时机向顾客充分展示商品的亮点，以此吸引顾客对商品的兴趣，并留意及询问潜在的顾客反应。

（6）缓谈价格：价钱永远放在最后谈，因为在销售过程中，价格是最困难的问题。导购应在充分展示商品的功效，利用尽量多的时间去刺激购买欲望之后，再谈价格的问题。

（7）导向利益：导购要帮助顾客寻找购买的最佳理由。有些顾客事先也没想到要购买商品，在一旦决定购买时，总是有一些理由支持顾客去做这件事。这些购买的理由正是顾客最关心的利益点。

实操训练

1. 训练目标

通过训练后能正确使用 FABE 商品介绍话术，激发顾客的购买兴趣。

2. 训练要求

（1）行为举止符合服务质量检查规范（较好的仪容、仪表、仪态）。

（2）能够做到微笑服务并正确使用肢体语言。

（3）能够快速提炼出商品卖点。

（4）将每个卖点变成正确的 FABE 销售话术。

（5）在演练过程中，有一定的临场应变能力。

3. 训练准备

（1）设计一个模拟卖场，准备好卖场商品、模特等道具。

（2）以 4 ~ 6 人为一个小组，组内成员轮流扮演顾客和导购。

（3）每组准备 5 ~ 10 件不同商品。

4. 训练任务

【任务一】

找到 5 件商品，小组成员讨论，每件商品找出 5 个以上卖点，并写出每个卖点的 FABE 话术。

【任务二】

轮流扮演顾客，导购根据顾客需求介绍商品，可以用到 FABE 等多种商品介绍法。

5. 训练评价（表6-3）

表6-3　训练评价表

项目名称			活动小组			
学生姓名			场景角色			
类别	考核内容	分值	自评	小组评价	教师评价	得分
实操评价	是否能快速找到商品的卖点	10				
	提炼出的卖点是否能代表商品特色	10				
	每个卖点的 FABE 话术是否清晰准确	20				
	介绍商品时服务礼仪规范是否到位	10				
	销售状态是否自信、热情	10				
	销售演练的时候商品介绍话术是否流畅	20				
	在演练过程中，是否有临场应变能力	20				
	总分	100				

第七章　门店销售“九连环”之五
——顾客体验

本章导学：

消费心理研究表明：如果顾客接触或使用商品，将增加对商品的好感。在销售过程中，导购积极引导顾客体验商品，不仅可以更好地展现商品的卖点，还可以延长顾客的停留时间，从而提升销售业绩。本章的重点是帮助读者了解顾客体验的内在含义和五大层面，分析顾客不肯体验的原因，掌握门店提升顾客体验的方法和注意事项，学会服装试穿服务流程和方法。

学习目标：

1. 了解顾客体验在门店销售中的重要性。
2. 理解顾客体验的含义和包含的五个层面。
3. 掌握并能应用顾客体验服务技巧。
4. 分析顾客不肯体验的原因。
5. 掌握门店提升顾客体验的服务细节。
6. 牢记顾客试穿过程中导购需注意的事项。
7. 学会服装试穿的服务流程和方法。

第一节　顾客体验的内涵

【案例导入】

2006 年 12 月 2 日，一座新的汽车销售 4S 旗舰店——一汽大众广州品牌体验中心在广州 AEC 汽车城落成并正式营业。新中心有着与传统 4S 店完全不同的全新理念，新中心提出的口号是：“We Feel You 360°（360 度理解你）”这家旗舰店使用面积 $6600m^2$，空间规划设计极富弹性，兼具购车、休闲娱乐与品牌体验等多种用途。除了常规的汽车参观、导购服务外，一汽大众广州品牌体验中心融入各种生活元素和体验设施，二楼电影院拥有特殊设计与新潮的听众席，舒适的剧院式座椅以及先进的视听设备；瑜伽馆环境舒适，配备专业瑜伽教练指导；儿童游乐室布置色彩缤纷，乐趣盎然。我们可以想象：周末的一天，三口之家进入体验中心，当男士们沉迷于汽车选购和参观的同时，妻子可以在中心内做瑜伽或欣赏电影，而孩子可以尽情在游乐室玩耍，各得其乐；如果顾客们感到累了，还可以到咖啡厅要上一杯咖啡，慵懒地小憩片刻。

在为顾客提供更丰富的配套商品和服务，将汽车的购买行为变成家庭休闲体验与快乐体验的同时，大众汽车也向顾客传递了自己定位于城市普通中产阶级的品牌文化：一辆可靠、物有所值、属于百姓大众的车，一种乐观、自信的生活态度。

讨论：

大众汽车4S店为什么要融入各种生活元素和体验设施？投入这么多人力、物力成本后，能为4S店带来什么好处？

一、什么是顾客体验

在上述案例中，大众汽车4S店为顾客提供丰富的配套商品和服务，将汽车的购买行为变成家庭休闲体验与快乐体验，让顾客在舒适、放松的环境中获得轻松愉快的购物体验，并在顾客体验的过程中传达自己的品牌文化，树立良好的口碑，吸引更多消费者前来体验和选购。

顾客体验，也叫客户体验，是一种纯主观的在用户消费和商品使用过程中建立起来的感受。这种感受包括：顾客在导购接待和使用商品过程中的情绪体验、使用商品后的心理想法等。良好的顾客体验有助于公司不断完善商品或服务，消费者在消费前、消费中和消费后的体验才是购买行为的关键。例如，当咖啡被当成“货物”贩卖时，一磅卖300元；当咖啡被包装为商品时，一杯就可以卖25元；当其加入了服务，在普通咖啡店中贩卖，一杯要35~100元；如能让顾客体验咖啡的香醇与生活方式，一杯就可以卖到150元甚至好几百元。星巴克（Starbucks）就是如此，其真正的利润所在就是“体验”。

二、顾客体验的五个层面

终端门店被称为营销的“临门一脚”，也是顾客的体验遭遇发生最为频繁、最为关键的地方之一，因为顾客将会最终在这里做出自己的购买决定。当顾客对商家频繁的促销习以为常，对换汤不换药的折扣熟视无睹时，他们甚至表现得比商家更了解商品的特点与功能，他们不再相信商家所说的“卖点”和“差异”，更不相信什么“上榜品牌”“质量免检”。他们希望能够亲眼看到、最好是亲身体验到商品和服务所能给他带来的价值。顾客在销售终端能够感觉到的体验划分为五个层面：商品层面上的体验、服务层面上的体验、感官层面上的体验、思维层面上的体验和品牌（关系）层面上的体验。

1. 商品层面上的终端顾客体验

商品层面上的终端顾客体验是指商家应该在销售终端创造一个机会：给自己的商品赋

予生命力，让商品说话，让顾客可以与商品实现面对面的沟通和互动。

商品层面上的终端顾客体验实施可以分为三个层次：

（1）让顾客观看或观摩：俗话说“百闻不如一见”，这种终端顾客体验就是通过导购对商品卖点、品质、功能、材质、工艺等方面的现场演示，使顾客全面了解商品并产生信赖感，最终产生购买行为。

在演示过程中，应该鼓励顾客参与，让他们在看的同时也去听、闻、触摸。演示的方式也可以是多种多样的，即可以是现场实物演示，也可以通过播放光盘、模型或沙盘、图表、幻灯片、模拟试验、三维动画等形式实现。无论采用何种方式，其最终目的都是要让顾客全面真实地了解商品并认可商品，最终产生购买行为。

（2）让顾客直接感受或使用：假如你是一名推销小狗的导购，你会采用什么样的推销方式和手段呢？促成小狗交易术的方法其实很简单：导购可以让买主无偿地先把小狗带回家去。待买主或买主的家人与小狗产生感情后，买主已经不能让你把小狗带走了，也就是说，交易促成了！

这种终端顾客体验是最为常见的。汽车行业的试驾、服装行业的试穿、游戏软件的试玩、食品行业的免费品尝、日化行业的免费试用、健身器材的免费体验、IT 行业的免费体验等都属于这一类。通过顾客亲身使用，他们对商品有了最真实和最全面的体验，自然也就会对自己的购买决定非常自信并会很快停止对其他商品的信息搜集与评估，从而产生购买决定。

2. 服务层面上的终端体验

服务层面上的终端体验可以包括以下几个方面：

（1）尊重体验：尊重顾客，让顾客受到尊重的体验绝不仅仅是一句空话。通过借助数据库营销，客户代表可以对有价值的顾客提供一对一的 VIP 服务，前提是要熟知老顾客的名字、生日时间、爱好等，以便有针对性地进行有价值的服务。无论是哪种服务方式，都能让顾客体验到尊崇备至。已有 110 多年历史的泰国东方饭店，是世界十大饭店之一。该饭店几乎天天客满，不提前一个月预定很难有入住机会。中国台湾企业家俞先生曾经有一次下榻泰国东方饭店。在他回到台湾三年后的一天，居然收到他们的一封信：亲爱的俞先生，祝您生日快乐！您已经三年没到我们这里来了，我们全饭店的人都非常想念您。俞先生事后回忆说：“他们仅用了 6 元钱的邮票，就让我发誓再到泰国时一定去住他们的饭店。”

（2）学习体验：学习体验就是满足顾客与生俱来的求知欲与好奇心，帮助顾客实现学习有关商品的相关知识、商品原理或制作方法的愿望。星巴克咖啡就要求每一位服务生都掌握咖啡知识及制作方法，他们可以详细地解说每一种咖啡的产地、特性、冲泡方法，而且很善于与顾客进行沟通。在上海的星巴克，有一项叫作“咖啡教室”的服务：如果三四位顾客一起来喝咖啡，星巴克就会为这几个人配备一名咖啡师傅。顾客一旦对咖啡豆的选择、冲泡、烘焙等方面有任何问题，咖啡师傅会耐心细致、毫无保留地向顾客讲解，使顾客能在品尝咖啡的同时也学到星巴克的咖啡文化。

（3）快捷体验：几乎所有的顾客都难以容忍购物过程中的长时间等候，能够通过增加设施、人员疏导、改进流程、高新技术的应用等方式缩短购物过程的时间就能使顾客得到快捷体验。在航空界以服务而著称的新加坡航空公司为了使登机手续更加便利与快速推出新的服务：搭乘新加坡航空公司的旅客不仅可以使用网络及传真等方式办理登机手续，还可以通过手机短信办理登机手续。

（4）关爱体验：关爱体验是商家能够从人性化的角度考虑问题，于细微之处体现出对顾客的体贴与关怀。“细微之处见精神”，细微之处的点滴体贴如春风化雨润物无声，却能带给顾客关爱的体验和内心深处的感动。全聚德烤鸭店专门为婴儿准备了座椅，这种座椅高于普通的座椅，带有扶手和安全扶手，它能让婴儿也可以安全地坐在饭桌旁和家人一起享受进餐的乐趣。

（5）沟通体验：终端销售人员亲切的微笑、热情的言语、优雅的神情举止、处处从顾客角度出发考虑问题的行为等就构成了销售终端的沟通体验。研究证明：情感对心理的刺激比普通思考对心理的刺激快3000倍。一次让人愉快的沟通体验可以使顾客很快从情感上接受销售员本人和他（她）所代表的品牌。

（6）惊喜体验：意想不到的价值与服务是令顾客感到惊喜的主要原因，而惊喜是不能用价格来衡量的也不是用钱就能买到的。对一个汽车购买者而言，一张全年的免费洗车卡，全套坐垫、地垫或一年的保险都会被顾客认为是一种价格折让，而得到现场专家关于怎样进行车辆改装的建议或得到一张车友俱乐部的会员卡也能让顾客体验到惊喜。

3. 感官层面上的体验

感官层面上的体验就是在销售终端通过代表品牌形象的CI、VI和独特的装饰风格、光与色彩的巧妙运用、背景音乐的选择、创意性的物品与设施设置和导购亲切的外在形象等多个要素的组合，把人与环境和谐地统一在一起。通过营造一种与众不同的氛围，迅速而准确地向顾客传达品牌定位和内涵的同时，带给顾客一种难忘的审美体验。

星巴克的美国总部有一个云集众多专业设计师和艺术家的设计室，专职设计世界各地的星巴克门店。他们在设计每个门店的时候，都会进行实地考察，依据当地商圈的特色并结合当地文化去思考如何将星巴克文化融入其中，使每家店都有与众不同的特色。在中国上海，位于城隍庙商场的星巴克外观就像一座古典与现代完美结合在一起的庙宇，而黄埔江边的滨江店则像宫殿般富丽堂皇，夜晚时分人们可以悠闲地坐在江边，边欣赏外滩的夜景，边品尝香浓的咖啡，实现了人与环境最大限度的和谐。

4. 思维层面上的体验

所谓思维层面上的体验就是以创新的方式组织特定的活动，让参与活动的顾客在惊奇和兴奋之余能够运用、发挥自己的才华去解决或完成某一特定问题，为顾客带来事物认知和解决问题的思维体验。

微软公司曾经组织了一个由学生参加的竞赛活动，活动的组织者要求学生就“最酷的计算机可以做什么”这个问题提出建议。获胜者将有机会去微软总部参观，并在午餐期间与公司创始人比尔·盖茨讨论他们的建议。

某东风日产专营店曾主办过一次名为“轩逸节油英雄冠军挑战赛”的活动，选手除了可以试驾轩逸轿车，参加节油比赛之外，还可以参加 CVT 展板拼图游戏和骐达遥控车模比赛，对于竞赛优异者还将赠送礼品。通过媒体的传播，这次活动引起了社会的广泛关注，如潮的报名参赛者使专营店热闹非凡。比赛的最终结果是一名选手以 4.5L/100KM 的成绩获得冠军，顾客在参与活动的同时也体验了该品牌汽车的节油性能和“技术的日产”的品牌文化，品牌可谓名利双收。

5. 文化层面上的体验

奥美行动营销（中国）公司总经理郭伟琼说：“品牌体验在最后一公里”，而终端正是品牌体验的最后一公里，其重要性不言而喻。

终端顾客文化体验的目的就是通过销售终端作为媒体，把商品层面上的体验、服务层面上的体验、感官层面上的体验、思维层面上的体验都完美地统一于品牌文化之中，以立体的方式传达品牌文化内涵和价值观，同时发现并利用文化的力量影响和激发深埋于目标顾客内心深处的意识形态，找到品牌与顾客在某一意识形态上能和谐共鸣的契合点，让顾客在充分理解品牌的内涵与定位之后，愿意选择将自己的人生定位、价值主张和生活态度通过品牌来表现和传达。

三、顾客体验的作用

据心理学家分析，人们对听到的事情只能记住 10%；对看到的事情能记住 50%；而对亲身经历过的事情能记住 90%。因此，在销售员用 FABE 法则对商品进行推介之后，应鼓励顾客体验商品，以增大顾客购买的可能性。

消费心理研究表明：如果顾客接触或使用商品，将消除对商品的陌生感并增加好感。在销售过程中，如果能积极引导顾客做亲身体验，不仅可以更好地展现商品的卖点，还可以延长顾客的停留时间，从而提升销售业绩。

1. 让顾客对新商品产生浓厚的兴趣

例如，具有音乐功能的手机，不妨让顾客听听手机里的音乐；具有拍照功能的手机，就现场帮助顾客拍照；具有手写功能的手机，就让顾客自己动手在屏幕上写几个字。

2. 让顾客真切感受商品的使用利益

“人叫人千声不语，货叫人点头自来。”FABE 法则中介绍商品利益的情景联想法只是一种语言印象，还有必要结合现场演示来进行推介。

3. 让顾客体会销售员的服务和信任

更重要的是，让顾客体验商品，可以令顾客感受到尊重。导购可以说：“先生，您可以体验体验这款商品，买不买没有关系。”

四、门店快速提升顾客体验的十个细节

1. 保持灿烂的微笑

顾客希望看到导购发自内心地微笑，而不是敷衍的空洞的笑容。不管导购遇到了什么不开心的事，只要站到了工作场所，都要真诚地微笑，这不仅需要具备良好的职业素养，还需要人文关怀。

2. 导购要具备专业知识，为顾客选购提供建议

每位店员都应具备一定的专业知识。当顾客有疑惑、有问题时，他们希望听到的是专业解答，而不是一味地推销或者“不知道”。过去，门店树立过岗位能手，例如，看到一个人的脚就能说出鞋的号码；说出一个重量，就能抓出相应的商品数量。随着时代的进步，对导购的专业要求越来越高，导购的专业技能也需要与时俱进。

3. 不过度推销，不让顾客购买不是真正需要的商品

每位导购都想销售更多的商品，这意味着可以拿到更多的奖金。但导购的愿望和顾客的需求有时是相悖的。一味地推销，让顾客买下不合适的商品，过后顾客肯定会懊恼与不快，也不会再次光临。一位中年女性试穿一件衣服，明显不适合，但服装销售员却极力推荐她购买，这样只会引起顾客的反感。

4. 退货应和购买一样顺畅、无障碍

购买时笑容满面，退货时愁云密布，这无疑给顾客制造了麻烦。退货的麻烦阻止的是顾客购买的脚步。所以，要把退货流程设置得简单再简单，这样才能激起顾客的购买欲望。

5. 顾客永远在第一位

流程的设置、规则的建立、准则的实施，都有一个基本原则，那就是永远把顾客放在第一位，只有这样，那些流程、规划、准则才能更好地服务于顾客。不管是解决公司内部问题，还是处理外部顾客关系，当游离不定、犹豫不决或不知如何选择时，就参照这一条，把顾客放在第一位，一切问题都将迎刃而解。

6. 就算商品缺货，也要满足顾客需求

顾客想买某件商品，门店缺货，遇到这种状况，一般是告之消费者无货后，想办法帮顾客从其他门店调货，或记下需求，有货时再通知顾客。想尽办法满足顾客需求，带给顾客的将是惊喜与感动。

7. 要用最完美的方式回答顾客的问询

一位记者探寻胖东来的报务，他问一位保安代购卡在什么地方卖，保安热情地领他去了售卖地点。面对如此周到的服务，记者只好买了500元的卡。如果不确定怎么处理顾客的问询，就参照这个案例。

8. 真诚地承认错误，比强词夺理好得多

工作中难免会出错，当错误给顾客造成麻烦时，要设法弥补错误，将错误降到最低，尽可能取得顾客的谅解。若无视错误，只会让顾客更加反感。

9. 要始终如一地对待顾客

不管顾客买不买商品，都要为顾客提供一以贯之的服务。不能因未达成购买意向，而态度发生转变。没有购物的顾客，同样是潜在顾客，也会口口传播他们的购物感受。所以，要以为每一位顾客提供热情服务为目标。

10. 写张感谢卡或发送感谢短信

对于经常光顾、大金额购买的顾客，要给他们写一张感谢卡或发送售后短信感谢顾客的信任与支持。感谢卡应是独特的、与众不同的，如果是门店的最高管理者手写而成，顾客在无形之中会被感动。

第二节　服装行业顾客体验——引导试穿

【案例导入】

小玲的烦恼

小玲是一家服装专卖店的导购，最近一件事情让她很头疼，很多客人拿着衣服站在镜子前比划，就是不进试衣间。往往是顾客拿服装在身上比划几下，便没了兴趣，就转身出门了。这是一件很尴尬的事情，每月的销售业绩都不尽如人意。

讨论：

顾客为什么光看不试？如果你是小玲，怎样去改变目前的状况呢？

一、为什么顾客不愿意体验商品

在服装销售终端经常会遇到上述情境，很多顾客在店里拿着衣服放在身前，站在镜子前比划，就是不进试衣间试穿。导购也无法和顾客进行深入的沟通，顾客比划几下，便没了兴趣，就转身出门了。顾客为什么不愿体验呢？

1. 顾客不愿意试穿的原因

（1）对某些必要的信息了解还不够，如不知道价格。

（2）购买的意愿还不明显，时机不成熟，顾客自己也不知道要买什么，顾客对商品兴趣不大等。

（3）顾客不是很自信，如担心试用效果太差，或担心试用后不好意思说不买了等。

（4）害怕试穿麻烦，或怕被人挑剔而影响心情。

（5）怕试穿完以后如果不买，导购会给脸色看。

2. 顾客愿意试穿的信心来源

（1）对导购的信任。

①导购诚恳待客让顾客产生愉快的心情，从而对其产生好感。

②顾客对导购的专业素质（商品的专业知识）非常信任，尤其是对其提出的有价值的

建设性意见表示认同，从而产生信任感，想要试穿。

（2）对商品的信任。

①结合顾客需求推荐合适的商品。

②用商品的特色吸引顾客。

③顾客试穿时一定要注意所试的商品一定是无质量问题、做工精良的商品。

3. 顾客不愿意试穿的应对方法

以下通过服装行业的一个实例，看看导购遇到不愿试穿的顾客，该怎么办。

导购：小琳；品牌：七匹狼男装；从业时间：4 年。

【场景一】顾客对立领西装感兴趣

一位先生已经看了店里的几款西装了，终于在一件立领西装前面驻足。小琳看出了顾客对这件衣服比较有兴趣，便提出建议：“先生，您真的很有眼光，这是我们店里很有特色的中式立领西装。试衣间在这边，您可以穿上看看效果。”但顾客仍在犹豫着。

【案例解析】

小琳很清楚，没有试穿几乎不可能达成西装销售。所以，她一直有意识地引导顾客试穿。小琳看到顾客对某款衣服似乎有了兴趣，以为建议试穿的时机到了。因为，顾客除非有兴趣，否则不会体验，所以，小琳的这个认识是对的。

但是，顾客为什么还在犹豫呢？本场景中，小琳可能提供的信息还不够，导购与顾客缺少必要的沟通就直接建议试穿，表现得有些急切了。顾客的犹豫一定是还有什么没了解或不放心的，虽有一些兴趣，但还没到试穿的地步。

【场景二】导购打消顾客顾虑

“这件衣服是不是另类了点？能穿的场合不多呀？”顾客表示了担心。

小琳：“嗯，这款立领西装是比较个性的款式，不过您还是有些过虑啦。立领结合了西装和中山装的特点，适合中国人在一些较正式的场合穿着，实际上只是个性化强一点的款式，离另类还远着呢！可以穿西装的场合，立领都可以穿，并且还能体现出您的与众不同和卓尔不凡。先生，一样的衣服穿在不同的人身上效果是不一样的。我说得再好，如果您不穿在身上是看不出效果的。先生，以您的气质和身材，穿这件中号、藏青的，效果一定不错。嗯，光说不行的，一定要穿在身上才能看出效果，其实买不买真的没关系，要不您过去试试？”

【案例解析】

小琳和顾客进行了必要的沟通，打消了顾客可能有的一些顾虑，而且有意识地去缓解顾客试衣的心理压力，如担心试了不买不好意思。此外，她专业、自信地给了顾客贴切的试穿建议，都是必要和成功的。

【场景三】导购动作引导顾客试衣

顾客并没有理会小琳的建议，只是拿起了那件衣服放在身前，站在镜子前比划。小琳见状，移动到顾客的前侧，身体向前，伸出右手，做出请的姿势，同时伸手把试衣间“啪”的一声打开了，微笑着说：“先生，请这里试穿!”顾客终于顺势走了进去，小琳补充道：“先生，我叫小琳，尺码有什么不合适的，我就在门口随时为您服务。”

【案例解析】

根据研究，语言对人的影响只有11%，动作的影响力却有83%。只凭语言引导顾客试穿是不够的，无法与顾客进行深入的沟通。顾客比划几下，没有更大的兴趣，一般就转身出门了。小琳知道动作引导的力量，所以用肢体语言再一次推动了销售的进展。

另外，小琳的自我介绍也是值得表扬的，这是主动破冰、拉近彼此关系的好方法。更重要的是为顾客走出试衣间后协助打理和继续试穿做铺垫，解除了顾客隐隐不安的心理。

【场景四】导购对顾客适当赞美

顾客换完衣服后走出试衣间，在镜子前看效果。小琳娴熟地运用着赞美：“嗯，效果真的很不错，先生穿着非常修身，看起来很精神……（同时帮顾客认真打理）这款衣服的面料特别好……”

【案例解析】

顾客刚刚走出试衣间，真切的赞美是少不了的，可以帮助顾客树立信心。但如果帮客人仔细收拾打理，再就货品的特性给顾客做些详细的说明，效果会更好。因为与顾客有一定身体接触的时候，拉近了物理距离，心理距离也会变近。

二、让商品和顾客“亲密接触”——邀请试穿

1. 试穿是销售成功的关键

现在，消费者越来越重视体验了，这是一种生活方式的演进。买车一定要试驾、买衣服一定要试穿，商家也很清楚这一点。所以，作为导购的一个重要任务就是想尽办法让顾客去体验商品，让商品和顾客“亲密接触”。

如今，顾客对服装功能的诉求已不仅仅是“穿衣保暖”，消费者有了更多的选择、更多的个性化需要、更多的判别标准，在购买过程中能否让顾客获得愉悦感受的体验是销售成功的关键。因此，服装导购可以做的不仅是简单的销售服务，而是专业的销售引导。在

服装门店的服务中，最核心的服务就是要把客人引导到试穿。

试穿是唤起顾客兴趣的关键，也是销售的关键。客人是否购买商品，很大程度上取决于是否能够进入试穿，试穿的效果能否得到顾客的认可。在销售中，顾客对商品上身后的感觉，在很多时候是导购无法决定的，商品本身也无法做大的改变。导购能够左右的就是服务顾客试穿的动作和过程。

2. 顾客试穿，导购必须语言配合邀请动作

在门店，导购经常苦口婆心地说：小姐，我们品牌的衣服要穿在身上才能穿出效果……顾客会有几个进行试穿的呢？导购可以采用动作的引导方法：每当遇到客人在试衣间的穿衣镜前，把衣服放在身前比划的时候，导购一边继续说着邀请顾客试穿的语言，一边站在顾客的前侧，身体向前迈动步子，伸出右手，做出请的姿势，同时伸手把试衣间门打开（或把帘子拉开），“小姐，请这里试穿！”，这样基本上10个顾客有6～8个都会顺势走进去，从而有效地引导了顾客进入试穿。

【情景案例】

导购要了解顾客的真正需求

一天一位身材娇小的顾客A来到某专柜，导购小华热情接待，并根据她的身材给她介绍一件新款白色的短外套，并鼓励她试穿，A当时穿一款淡灰色的裙子，小华觉得这样试穿会影响白色上衣的试穿效果，就给顾客搭配一条暗橙色的裤子说：“您试穿一套看一下效果吧！”顾客摇摇头说：“我不喜欢这种颜色的裤子。”小华听后又拿一条绿色的裤子说：“今年挺流行绿色的，白色配绿色也很漂亮，你试一下吧！”A接过衣服在身上比了比说：“这颜色也难看！”小华心想：她可能不喜欢亮色吧！就随机给她推荐她正在看的一条黑色的裙子，说：“黑色是最经典颜色，这条裙子你喜欢吗？”A回答：“不喜欢。”此时小华已无所适从，顾客自己又看了看，接着对小华说：“等你们上新款我再来吧，谢谢你。”说完就离开了专柜。

【案例解析】

（1）小华虽然很积极地为顾客搭配衣服，但他没有了解顾客的真正需求，因此无法准确地为顾客推荐商品。

（2）小华一直停留在商品介绍的阶段，没有任何邀请试穿的语言和动作，所以无法留住和打动顾客。服装销售中，经导购的推荐或顾客的试穿后，很多顾客最后购买的未必是开始看中的商品。

三、服装试穿服务流程

1. 目测码数：专业服务

服装销售行业的导购，做到“目测码数”是专业服务最基本的要求。

一名顾客走进店里，要求试穿某件衣服的时候，如果导购开口却是“小姐（先生），你穿多大码?”这时服务就已经打折了，很多顾客会回答“我也不知道穿多大码”“我也不知道你们品牌的码数是什么样子的……”所以导购必须了解自家商品的每一款的大小等情况，最好的方法就自己要上身试穿，感受上身的效果，做到有的放矢。

顾客进到店里，导购要一眼就能目测出顾客需要的码数，下手就取出顾客合适的衣服送到顾客手中。这就是专业服务，专业服务体现专业价格。

2. 解开扣子：不打折服务

鞋服的门店服务中，在顾客试穿前，快速帮助顾客拉开拉链、解开扣子、松开鞋带等也是分内的服务，不要小看这几个动作，导购把没有解开扣子的衣服送到客人的手中也是不专业的表现。解开扣子等动作，是不打折的服务。有了不打折的服务，才有不打折的价格。

3. 取出衣架：有效防盗

解开扣子之后，导购必须取出衣架，把每一位顾客试穿衣服的衣架归整到相应的位置。一些国外品牌门店的导购，把取出的衣架挂在自己的腰间。顾客拿去试穿的衣服数量和导购手中的衣架是对等的，这是服饰业门店有效的防盗技巧。门店里衣架随处乱放、衣物陈列凌乱等都可能让人顺手牵羊。

4. 引领敲门：避免纠纷

试穿服务的第四步“引领敲门”，导购一定不要怕麻烦，其实包括很多女性顾客在试穿的时候，总忘记插上试衣间的门。服务的现场把引领敲门当成一个标准的动作来执行，这是门店服务纷繁复杂的情况下避免纠纷的最好办法。

5. 守候服务：留住顾客

顾客拿到衣物进了试衣间，导购有必要在关门之前告诉顾客：“我就在门口，码数有什么不合适的地方，随时叫我，我跟您调换”。这样，会给顾客提供更为周到的服务。

四、顾客试穿过程中导购注意事项

1. 试穿前

（1）强调买不买都没关系，减轻顾客的心理压力。

（2）取出推荐的衣服或鞋，并解开拉链/扣子/鞋带。

（3）准备同类型的款式及相应搭配，以备顾客选择。

（4）准备不同类型的款式引导顾客体验。

（5）引领顾客到试衣间或试鞋凳旁。

（6）帮助顾客检查试衣间并做相应提醒。

2. 试穿时

（1）在旁边等候，自报家门并随时询问顾客需求。

（2）如需离开，交代其他同事并主动告诉顾客。

3. 试穿后

（1）引领顾客到镜子前，邀请其观看试衣效果。

（2）征得顾客同意后，帮顾客整理衣服或鞋子。

（3）及时赞美顾客。

（4）主动询问顾客的意见，并给出专业的指导。

（5）对顾客的试穿要表示感谢。

（6）连带销售推荐其他商品。

（7）站在顾客的角度帮顾客省钱——活动、折扣等。

（8）促成交易。

五、营造舒适的体验环境

店面陈列、卖场氛围、现场演示、促销、服务等都会给顾客一种体验，都需要用心去经营。店铺经营要从顾客的“视觉、听觉、触觉、嗅觉、味觉”下手，门店要营造出舒适的体验环境，让消费者有愉快的体验过程。

1. 视觉

视觉带给顾客的冲击力最大，也最能让顾客产生直观的感受。视觉体验的范围很广，包括店堂运营的很多方面。以下从陈列、价格、导购等方面分析。

（1）卖场陈列。首先服装陈列要整齐、美观。顾客进入一家陌生的卖场，要能轻松找到所需商品，所以要按消费者的需求原则陈列。服装陈列除了考虑购物便利，还要兼顾美观原则。例如，优衣库的陈列就做得很好，它们把同一款式各种颜色的衣服，依照色卡的顺序渐次摆放，简单而美观，对顾客有很大吸引力。除便利、美观外，陈列还要会“讲故事”。一件完美的商品陈列可以让顾客产生联想，联想到理想的生活方式。例如书店销售笔记本的时候，可以把本子打开陈列在一张小书桌上，旁边放一张纸牌，上面写道：每天为自己留下点记忆。这样会让顾客想到了写字的梦想，就会引发购买欲望了。

（2）价格标注要清楚。价格标注原则是清晰、明确。在卖场，顾客如果只看到商品，找不到相应的价签，或商品和价格错位，这些障碍都会让顾客产生不佳的印象和体验。

（3）导购的技能和微笑。导购是链接商家和顾客的桥梁，也是商家的代言人，导购的一举一动都会影响店铺在顾客心目中的形象。无印良品的导购服务就让人印象深刻，不管在任何地方，只要需要帮助，导购总会热情地提供服务，都有平和的笑容。顾客在这样的环境下购物，会心情愉悦。

2. 听觉

服装店经营经常忽略顾客在听觉方面的感受。如果店堂的音乐与气氛不协调，就会让人产生不好的体验。应该播放什么音乐，在哪个时间段播放，都是有讲究的。要让顾客听觉体验好，前提是研究目标顾客的欣赏水平，要让大多数顾客喜欢，还要体现品牌的品位。除了音乐，现场工作人员的声音也是很重要的：欢迎声、感谢声、叫卖声、唱收唱付声……这些声音此起伏起，让消费者感受到的是现场导购的活力。但并不是声音越多越好、越大越好。有一家百货店曾采取“盯人战术”，一进入门店，就是高高低低的欢迎声，导购站在通道边缘热情地让顾客试穿、试用。进入到品牌专区，导购紧跟在顾客后面，不停地问：需要什么，要不要试试。据观察，许多顾客听到如此密集的声音大都逃离开，离开时轻舒一口气。高密度的问候声令顾客毫无喘息的机会，顿失安全感。

3. 触觉

如果顾客拿取一件商品，上面布满了灰，原本愉快的心情就会和灰尘一样变成灰色。这样的触觉体验，一定会赶走顾客的。如果服装店的衣服是叠起平放在一起的，顾客想看看式样，就一件件打开，不一会儿，导购就要收拾凌乱的衣服。这种情况下，顾客只得看看就走了，不想再触摸，许多销售机会就会跟着溜走。

4. 嗅觉

店铺里需要味道吗？答案当然是肯定的。如果服装店里都是舒服的香味，顾客被香气围绕，就能瞬间放松心情，很容易产生购买的欲望。

5. 味觉

味觉的满足，也是吸引顾客再次体验的原因，门店需要给顾客创造良好的味觉。例如，在宜家，顾客逛累了可以去食品区吃份简餐，喝点咖啡，喝点饮料，有了味觉的满足后，再继续购物，就有了体力，心情也会更好，更有利于促成交易。

实操训练

1. 训练目标

通过训练，能够在分析顾客需求的基础上，消除顾客的戒备心，使用正确的服务流程和方法引导顾客试穿。

2. 训练要求

（1）行为举止符合服务质量检查规范（较好的仪容、仪表、仪态）。

（2）能够做到微笑服务并正确使用肢体语言。

（3）销售过程中抓住时机主动引导顾客试穿。

（4）能够结合顾客需求推荐合适的试穿商品。

（5）试穿服务流程符合标准。

（6）在演练过程中，具备一定的临场应变能力。

3. 训练准备

（1）设计一个模拟卖场，设计出一个模拟试衣间。

（2）提前准备好销售和试穿的商品。

（3）以4～6人为一个小组，组内成员轮流扮演顾客和导购。

4. 训练情景

顾客进入店铺后，拿起衣服在身上比试，导购邀请试穿，顾客可以提出各种不愿试穿的理由，导购必须想办法邀请顾客进行试穿。

【情景举例】

顾客说：“今年流行这样的衣服，好像满大街都是，我不想和别人穿一样的。”

【错误回答】

导购：“说明这个款很受欢迎啊，而且不同的人穿有不同的风格”。

【顾客心理分析】

大部分顾客购买衣服，希望自己的衣服是独特的，和别人是不撞衫的。

【正确话术】

可以把衣服的独特之处强调出来，让顾客真正感觉到差别和特色。“一看您就是走在时尚前沿的人，流行趋势都瞒不过您，这种款式确实非常火，但是您仔细看一下，会发现我们的这一款跟市面上的还是有很大不同的，您看，后面的剪裁采用的是八片式剪裁，能够很好地修饰身材。（将服装的特点与优势阐述出来。）如果您再配上……（将搭配方案描述出来）会出现一种……的风格，来，我给您做个整体搭配，您在试衣间里试试。”（做出邀请手势）

5. 训练评价（表 7－1）

表 7－1　训练评价表

项目名称			活动小组			
学生姓名			场景角色			
类别	考核内容	分值	自评	小组评价	教师评价	得分
实操评价	服务礼仪规范是否到位	10				
	销售状态是否自信、热情	10				
	是否抓住时机主动引导顾客试穿	10				
	是否能够结合顾客需求推荐合适的试穿商品	10				
	试穿服务流程是否符合标准	20				
	引导试穿话术是否流畅	20				
	在演练过程中，是否有临场应变能力	20				
	总分	100				

第八章　门店销售“九连环”之六——连带销售

章节导学：

连带销售不是无目的地推销某种商品，而是深度挖掘顾客的潜在需求后有目的性地推荐适合顾客的商品。导购达成高业绩指标不在于服务了多少顾客，而在于从顾客身上挖掘出多少潜在销售，做了多少业绩。本章的重点在于帮助读者掌握连带销售的时机和方法，能在以后的销售过程中多做大单，提升业绩。

学习目标：

1. 清楚连带销售的概念以及对门店的意义。
2. 了解连带销售的三大基础前提。
3. 抓住容易产生大单的时间段。
4. 掌握连带销售的时机与切入点。
5. 学会连带销售的流程与方法。
6. 关注连带销售过程中的注意点。

第一节　连带销售的意义

【案例导入】

导购引导顾客进行连带销售

一个少年从乡村到城市寻生计，由于他曾经在乡村挨家逐户地推销过商品，所以很快便在一家百货公司找到了一个导购的工作。老板也很喜欢他，只是怕他不太习惯在百货公司做推销，因此告诉他第一天营业时间结束后要向他汇报销售情况，以便作出修正。

第一天上班，好不容易才等到营业时间完结，他便走到老板面前汇报一天的销售情况……

“年轻人，今天完成了多少单买卖?”

“一单!”

“你真的是不习惯在百货公司当销售吗？我们这里的导购每人每天至少都可完成10～20单买卖的。你那单交易的金额有多少?”

“30万元!”

“30万元!？一单买卖30万元？你是如何做到的?”

“我先向一位顾客售卖了小号的鱼钩，然后是中号的鱼钩，再后来便是大号的鱼钩，继而是小号的渔线，中号的渔线及大号的渔线。其后，我问该顾客要到哪里去钓鱼，他说到海边，我建议他买条船，然后他说他的大众牌汽车可能拖不动这么大的船。我于是又带他选购了一部够马力的汽车。”

“什么？顾客只是来买一个鱼钩，你竟然可以令他买下那么多东西?”

“不，他本是来替他太太买纸巾而已，我和他攀谈时告诉他，若你只是逛罢百货公司便回家，你的周末算是白过了，为何不考虑去钓鱼呢?”

讨论：

案例中，顾客最初想买的是什么？这名导购是如何一步步引导顾客进行连带销售的？你认为这名导购销售成功的关键是什么？

一、连带销售的概念

连带销售是向顾客推荐额外购买的，没有计划购买的商品，又叫附加销售，是销售中一个提升销售的最重要技巧。

连带销售不是完全无目的地推销某种商品，而是深度挖掘顾客的潜在需求后有目的性地推荐适合顾客的商品。这样的连带销售能够提升导购的综合素质及销售业绩，更能为顾客进行更满意的搭配。

连带销售包括三层含义：

（1）顾客完成购买后，关注顾客的实际需要，尝试推荐其他相关商品，引导顾客消费。

（2）如果顾客买完商品后，说不需要了，可以问他亲戚朋友有没有需要，帮忙介绍过来。这在销售技巧中叫“借力打力”法，即利用现有的顾客或业务关系，连带出一系列新的业务增长点。

（3）顾客无购买意向时，也要送上相关的宣传资料，并感谢顾客的关注，请顾客随时再来选购。

在上述案例中，导购属于第一种情况。这个原本是来帮太太买纸巾的顾客，在经过导购的需求引导后，从鱼钩到汽车，成交了一系列的商品，导购后面推荐并成交的这些商品，都属于在纸巾的基础上连带销售的商品。达成高业绩指标不在于导购服务了多少顾客，而在于你从顾客身上挖掘出多少潜在销售。

二、连带销售的意义

终端销售业绩的高低，取决于几个关键的 KPI 指标，门店业绩的计算公式为：

销售额 = 街道客流量 × 进店率 × 成交率 × 客单价

终端门店想要提升业绩，要么选择人流特别旺的地段和商圈，提升客流量；要么通过推广、促销吸引更多顾客进店，提升进店率；要么通过提升门店服务和导购销售技能提升进店顾客的成交率。连带销售的重要性在于它可以让店铺位置不变、面积不变、人流量不变、成交率也不变，甚至在同样的店铺成本下创造出更好的销售佳绩，达成业绩指标。做好连带销售，对公司、对导购、对顾客而言，是三方共赢的。

1. 对公司的好处

（1）增加销售额，提升市场占有率。

（2）使商品周转速度加快，并获得多元化的口碑。

2. 对于导购好处

（1）销售提升，增加工作满足感并获得领导赞赏。

（2）表现专业的服务精神，赢取顾客的信任。

3. 对顾客的好处

（1）更方便，省掉多走一趟的麻烦和日后搭配的烦恼。

（2）即刻得到实惠，于短时间内选购适合的商品。

第二节　连带销售的基础要求

【案例解析】

顾客购买珠宝

一位 60 岁左右的女顾客到珠宝专柜购买一枚钻戒，交款时，她无意间提起，还想为女儿买个手包，可是找了半天也没有找到合适的。“言者无心，听者有意”，这名门店导购询问了她女儿的相关情况后，马上拿出专柜一款赠品手包推荐给顾客：“阿姨，这是我们为 VIP 顾客准备的精品包，今年很流行的一个款式，也适合您女儿的工作环境，最重要的是您只要再加一点钱就可以拿到这个手包了。”

顾客接过手包仔细看了看，很爽快地购买了手包。

讨论：

本来是买珠宝的顾客为什么爽快地购买了手包？导购在销售过程中做得好的地方有哪些？

案例中的导购根据顾客一句无心的话语便发掘出商机，进而附加推销了自己的商品。

顾客进店后，导购不应简单地将与顾客间的关系定位为买卖关系，应该把顾客当成自己的朋友，主动与其交谈，这样才会发掘出顾客埋藏在心底的需求，推销商品的时候才会做到有的放矢。一旦顾客表示出对某款商品有需求后，门店导购就应当为其推荐，不应消极对待，丢掉有可能达成的销售。

但是，连带销售成功的关键除了导购的热情外，还有几大决定因素，如商品结构是否适合做搭配，商品陈列是否让顾客想连带购买，导购是否熟悉店内的商品搭配等。连带销售是否成功取决于以下三方面内容：

一、商品结构要合理，商品组合成系列

【案例解析】

商品结构不合理

某女装品牌夏季连带率（反映连带销售的重要指标）只有1.2，远低于女装平均连带率水平，老板一直以为是导购不努力，但是用了很多激励方式也收效甚微，后来仔细分析研究，寻找原因，发现店铺清一色的都是上装，能够与上装搭配的裤装或裙子只有2~3条。

正所谓“巧妇难为无米之炊”，不合理的商品配置是难以创造高连带销售的。良好的商品结构和商品组合是连带销售的第一步，如果店铺商品结构不合理，不能达到良好的互配互搭，即便是优秀的导购也无能为力。因此，要创造一流的连带销售，要从订货这一源头开始抓起，从完善商品上市节奏、商品结构和颜色结构，避免出现整个批次的商品缺失，或者整个类别的商品缺失，或者整个颜色不成系统，这种结构性错误往往是店铺的硬伤，很难通过陈列、销售技巧等来弥补。抓连带销售要从订货开始考虑以下几点：

（1）商品线是否完整。

（2）商品结构是否合理。

（3）商品类别比例是否恰当。

（4）商品之间的组合能力强不强。

（5）商品是否能成系列化。

二、商品陈列有重点、有系列

陈列是店铺无言的促销员，高明的商品陈列，不仅提升了商品的附加值，更能吸引消费者的眼球，激发购买欲望。一件衣服挂在店铺的不同地点，会产生不同的效果，从而产生不同的销售额；一件衣服单独陈列和与其他服装组成漂亮的组合搭配，产生的也是两种不同的效果。顾客总喜欢光顾那些漂亮而富有吸引力的店铺，总被模特身上或重点陈列区域的一组组衣服所吸引。有时候只是细微的变化，但对于终端销售起到的作用却很大。

1. 主推商品重点陈列

（1）店铺的橱窗和店铺的阳面是一个卖场能否吸引顾客入店的关键。

（2）主推商品要在店铺的橱窗和阳面做重点陈列。所谓店铺的阳面，就是根据人流的主要方向，能观察到的卖场区域是卖场的一侧。

（3）重点陈列的要点：卖场的橱窗和阳面不仅要重点做主推款陈列，并且要借助服饰品的搭配组合，使顾客能直接看到因服饰搭配而产生的美感。

2. 风格组合合理，陈列系列化

（1）店铺要围绕主推款形成层次分明的风格化主题陈列、重点销售陈列。

（2）不同风格的商品分区域陈列会给店铺带来更多的变化和层次感。

（3）系列商品陈列不仅能突出店铺整体形象，突出当季的主题和风格，更能加大商品的关联性，帮助顾客在购买单件商品时进行搭配联想，促进连带性销售。

3. 店铺阳面应季陈列，色系清晰

（1）不断的新品上市是吸引顾客进店的因素之一，保持店铺的新鲜度。

（2）阳面陈列当季主推品，并且色系清晰，达到引顾客入店的效果。

（3）过季促销品、配件等相应地放在临近主推的区域，以方便导购迅速找出相应的配搭和商品。

三、导购专业度高，能快速搭配商品

对于终端的销售人员而言，要成为一流的连带销售高手，首先要做的是熟悉店铺商品，吃透商品，还要熟练掌握商品的搭配知识，为连带销售打好坚实的基础。作为服装这一时尚行业的导购，更需要关注时尚流行趋势，熟悉店铺商品之间的搭配组合。具备了这些基本的能力，面对顾客的时候就能自信地为顾客搭配出符合顾客气质和需求的商品。

熟悉商品知识虽然是店铺导购的一项基本工作，但是能够具备时尚的眼光，做到顾问式服务的人却是凤毛麟角。要不断提高终端店铺导购对商品的熟悉程度和对时尚的认知。那么，导购应该如何自我提升呢？

1. 关注商品结构和商品库存

养成每天分析货品的好习惯，缺货的商品暂时不做搭配推荐，针对库存量大的商品想办法与其他适合的商品多做搭配，提升销售业绩。

2. 自己多试穿，了解商品搭配风格

新品到店后，导购可以利用淡场多试穿、多搭配，并且相互模拟购买情景。通过这样的训练，不仅能提高连带销售的话语技巧，还在不经意间就熟悉了全场商品和商品的FAB、卖点，更重要的是试穿可以提升对全场商品的配搭能力，熟悉某一件衣服将适合哪一类气质的顾客，从而提高导购对顾客的判断力。

3. 每日分享时尚资讯，有效利用店铺资源——时尚杂志、画册

时尚杂志能够给导购最新的流行趋势、磨炼导购的时尚眼力，更重要的是当导购将这些时尚流行的元素和店铺中的商品相结合的时候，很容易发现衣服背后的设计理念，从而学会用优美的语言去形容每一件衣服。试想，当导购熟悉了这些流行趋势和专业的描述，重新面对店铺商品的时候，是不是更能找到衣服的卖点？是不是能够很快地用专业语言将商品来推荐给顾客，而不是仅仅停留在“这件衣服很漂亮，您穿上很好看”这类简单的销售语上。是不是对售卖的商品更有信心，对自己的推荐更有底气？

4. 自信地为顾客搭配出符合顾客气质和需求的商品

（1）准确判断顾客的类型。

（2）自信大方地为客户进行搭配。

（3）准备好可以适合搭配的商品鼓励顾客试穿。

第三节　连带销售的时机与切入点

【案例导入】

抓住连带销售的时机

小英是店里的销售高手，每个月的业绩都是区域第一，她的连带销售率最高。

一天大家正在忙碌时，进来了一位顾客。小英正好在门口清点商品，见到顾客进门，就停下手中的活儿，走上前去迎宾：“姐，您好早呀，您是今天第一位顾客，您就是我们的福星啊！”顾客一听这话，心里高兴，笑着说：“小姑娘你真会说话！”

顾客进店后就走到货架前随意看。她拿起一件上衣来，前后看了一下，又在身前比了一下，小英忙上前说：“姐，这边有镜子！”顾客就顺着小英指的方向走过去。在镜子前又拿着衣服比量了一下。（此时，绝大部分导购会开始介绍商品，这是不对的！这时要了解顾客的需求，切记！）

小英走过来问：“姐，您想搭配什么衣服穿？”

顾客说：“想配家里的一条裙子。”

小英接着问：“裙子是什么颜色的？”

顾客说：“黑色带蕾丝边的。”

小英说：“姐，咱这儿有一款相似的，我拿过来，您穿上看看这件上衣合不合适，可以吗？”

顾客说：“可以，拿过来吧。”

小英迅速把衣服拿过来，引顾客进了试衣间。过了一会儿顾客从试衣间出来，在镜子前看整体效果。

小英跟着过来，又帮顾客整理了一下衣服笑着说：“姐，您身材真好，得让多少想减肥的人嫉妒死呀！”

顾客说：“我吃什么也不长肉，我吃得可多了。”

小英说：“姐，我想请您帮个忙，可以吗？”

顾客一听这话，好奇地问：“什么事？我能帮你做什么？”

小英笑眯眯地说：“姐，一看您就是非常善良的人。我看您的身材这么好，气质也出众，就想让您帮我这个忙。昨天我们家来了一批衣服，我还没来得及看，也不知道款式怎样，您有没有时间？帮我试穿一下，当回模特，我看看款式如何？”

顾客听了后想了想说：“那好吧，反正我也没事。”

小英就把衣服一套一套拿出来，先拿了四套衣服，顾客就进试衣间一套一套地试，同时小英询问顾客：“姐，一看您就特会穿衣服，以您的眼光，这套衣服该在什么时候穿适合呢？”顾客就发表了一下自己的意见。（这句话很重要，因为顾客说出意见就是在给自己心理暗示，顾客在发表意见的时候，大脑里已经浮现出了穿着之后的场景。）

顾客试了很多套，小英适时地加以赞美。顾客在试穿过程中，看中了好几套衣服，最后买了三套衣服，成交了一万多元。没过几天，顾客又回来了，把另外两套满意的衣服又买走了。

讨论：

请问小英在整个销售过程中有哪些做得特别好的地方？她用了什么方法做连带销售？

案例中的小英，无疑是一名优秀的导购，热情接待顾客的过程中，用赞美打开顾客的话题，建立信任，又积极了解顾客需求，并且抓住了顾客试穿这一最好的连带销售时机，邀请顾客帮忙试穿，让顾客在试穿过程中主动发表自己的见解，参与到销售中来，与导购形成互动，同时让顾客自己说出购买理由，这样就做到了顾客自愿购买的目的。

做连带销售，方法很重要，但是时间也很重要，抓住合适的时机做连带销售，往往能达到事半功倍的效果。

一、容易产生大单的时间段

1. 周一至周五的白天

在工作日里，一般人都去上班了，这个时间段中，卖场人流量往往较少，所以在这个时间段来逛街的，通常只有两种人：非周末休息的特殊排班人员和不用上班的人。很多导购有一个误区，认为这个时间段来卖场的都是闲逛的，只有晚上的顾客才是来买东西的，往往会在这个时间段里怠慢顾客，其实恰恰相反。顾客为什么不用上班呢？要么是有特殊原因，要么是经济能力允许不上班，而长期不工作的人，相对会比较空虚，导购可以“乘虚而入”。

2. 下大雨的天气

大雨天时顾客会明显减少，但顾客进店后成交率会比较高。谁会在大雨天闲逛？下雨天还愿意出来逛街买东西的顾客，往往有强烈的购物需求。所以，导购要时刻保持积极和主动的情绪，对下雨天进店的顾客，更应该主动热情。

3. 中午特别炎热的时间

中午太阳很大，很多人都会选择在家午睡，这个时间段来逛店的人，或者是有迫切的购买需求，或者是走累了进来吹吹空调，中午没有其他顾客，导购和顾客的时间都很充裕，这个时间段进店的客人，可以多邀请试穿，尽力促成大单销售。

4. 临近关店即下班以后

卖场通常都是22点下班。面对临近下班的时候进来的顾客，导购是急于下班没耐心，还是认真对待？晚上过来的顾客，可能是白天没时间，利用下班后的时间匆忙选购，也可能是已经逛了一整天，没选到合适的，最后赶紧做决定买几件，还有的是因为明天急需某件衣服满足某个特定的场合需求，对这个时间进店的顾客，只要导购保持热情和耐心，成交率会非常高。

为何工作日、雨天、中午、关店时易成大单呢？

首先，是这些时间段顾客的特点，这些时间段人流量都不是很大，多数店铺的导购都表现得相对比较懒散，如果导购的服务比较热情，顾客感觉就会很贴心。

其次，此时店铺人不多，氛围比较安静，顾客比较放松，也具备成大单的条件。而在人流高峰时间段，不提倡导购过度追求大单，除非是老顾客非常积极主动要求多试，否则导购应该追求成交速度——快速成交。

二、把握时机与切入点

1. 迎宾时

（1）主要目的：品牌信息宣导。

（2）切入点：新品、促销活动的介绍（新品上市、买赠、买省、折扣）。

（3）切入时机：顾客进门时。

（4）常用语言：“欢迎光临×××品牌，秋季新款已上市，满××元送××商品/满××省××/全场×折起”。注意：顾客永远是“懒”的，经常有顾客在商品正前方贴着很明显的活动标价牌前问：这个有活动吗？正因为如此才为导购创造了更多的机会。

（5）注意点：热情、真诚。

2. 介绍商品时

（1）主要目的：推销首选商品。

（2）切入点：配套、专业系列。

（3）切入时机：顾客对首选商品感兴趣时。

（4）常用语言：“您看中的这款鞋子还有其他类似的款，我帮你拿来试一下。”

（5）注意点：不要操之过急。

3. 试穿商品时

（1）主要目的：推销配套商品。

（2）切入点：可搭配（内搭、饰品或顾客衣物）。

（3）切入时机：顾客在试鞋、包，照镜子时。

（4）常用语言：当顾客试穿完，我们可以为其搭上相关饰品，并且微笑着告诉顾客：

“搭上后更立体化了，我们的商品都是成系列的、有相互呼应的效果。”

（5）注意点：引导顾客，让顾客照镜子看到整体效果。

4. 确定成交时

（1）主要目的：推销配套、小件商品。

（2）切入点：可搭配衣物、小件商品。

（3）切入时机：顾客确定购买首选商品时。

（4）常用语言：“您再买128元就可以送××啦/您要是搭配一款杏色花瓣纹的包包就更有女人味了。”

（5）注意点：真诚、赞美、不要给顾客强迫感。

5. 客人和朋友（同伴）一起购物时

（1）主要目的：挖掘同行者的消费需求。

（2）切入点：鼓励他（她）也试一试。

（3）切入时机：当同伴在选购或者试穿商品时。

（4）常用语言：“您反正闲着也是闲着，不如也挑几件合适的款式给您试试看。”

（5）注意点：真诚赞美，不要给顾客强迫感。

6. 收银结账时

（1）主要目的：挖掘最后需求。

（2）切入点：补零、凑足金额。

（3）切入时机：计算出顾客结账金额时。

（4）常用语言：“您还有其他需要买的吗/您还差42元就能送××了/您还差110元就可以省50元了/你还差60元就可以成为我们VIP会员了，VIP可以……”

（5）注意点：真诚提醒，不要给顾客强迫感。

7. 送客时

（1）主要目的：补救失误。

（2）切入点：未能成功推销商品。

（3）切入时机：顾客往店外走时或停顿时。

（4）常用语言：“刚才配的那条围巾有提亮的效果很适合您，而且现在刚好有优惠活动很划算，您今天不买真可惜啊。”

（5）注意点：真诚提醒、不要使顾客有压迫感。

第四节　连带销售的方法

【案例导入】

了解需求进行连带销售

某品牌店铺新到了两款羽绒服，一件长款，一件短款。两款羽绒服的销量都不错，但因为价格较高，两周来没有一名导购能够同时卖掉两件羽绒服。

有一天，来了一个年轻女孩，看中了其中的一件短款的衣服，导购丽丽及时上前询问：“小姐，这款衣服是今年的新款，简约的款式和细节设计都体现出了国际上的流行趋势，面料也非常的特别，可以耐污，用它搭配裙子和裤子都会凸显您时尚高挑的气质，您试试看。”

在小姐试衣过程的交谈中，丽丽了解到小姐不久将去哈尔滨滑雪，她及时地给小姐推荐了那件长款的羽绒衣，并告诉小姐：“小姐，您试一下这件，哈尔滨那边寒冷，您穿上这件休闲的长款羽绒服，能够帮您抵御寒冷，遇上大风您可以随时带上衣后的帽子。”小姐犹豫了，她很喜欢那件短款，却觉得长款更加符合她的要求。这时，丽丽上前告诉小姐：“小姐，您不妨买那件长的在平时穿，无论是逛街或者去滑雪都很合适。当您要去参加PARTY聚会时，穿上那件短款的，会显得您时尚而精致。”“好！两件我都要了！”小姐思考片刻就爽快地决定了。丽丽抱着试试看的心态说了这样一段话，让她难以置信的是两件衣服居然同时成交了！

讨论：

顾客为什么最终把两件羽绒服都买下了？导购丽丽是怎么做到的？

一、连带销售成功三部曲

从这个案例中，我们可以看出，导购首先要有丰富的商品知识，充分了解自己销售的商品，才能更加自信，更有说服力。导购丽丽在销售中详细介绍了商品的FAB。其次导购必须通过跟顾客深入交流，得知顾客的穿着目的才能展开连带销售，大胆地给顾客试穿，并站在顾客的角度，了解顾客的需求。丽丽正是通过试衣服务和小姐进行了深入沟通，得知她将去往哈尔滨滑雪，于是不失时机地进行了连带销售。导购在做连带销售时，可以按照以下三个步骤进行：

（为了让读者更好地理解，我们结合具体场景来进行阐述。）

【场景一】

A顾客正在试衣间试穿一款上班穿的套装，导购根据对顾客的观察选了其他与顾客需求和兴趣相关的商品来到试衣间。

（1）确定顾客的需求和兴趣。

导购话术：“小姐，您好！我拿来了一些我认为您应该喜欢的风格，有点相近但又有点特别的商品。”

（2）推荐能够满足顾客需求或者兴趣的商品。

导购话术：“这款大衣将使您在上班的时候看上去特别干练而又不失女人味。配上你这身套装，也十分合适参加晚上的商务会谈。而且它对于许多不同的商务活动场合都很理想。”

（3）对顾客反映进行测试。

导购话术：“为什么不穿上它们试试呢？”

【场景二】

B顾客将在几个星期后去旅行，现在正在逛街买衣服。她刚刚决定购买一件上衣。顾客闲逛进了店铺，导购和这位顾客进行了一番攀谈。

（1）确定顾客的需求和兴趣。

导购话术：“以先前对您的了解，您应该喜欢穿着舒服而又有品位的衣服。”

（2）推荐能够满足顾客需求或者兴趣的商品。

导购话术：“为什么我想让您试试这条裤子呢？首先，它和这件上衣一样都是羊毛的，所以它们在您旅行时有难以置信的舒服。同时，这个收缩边布块是您在普通的羊毛裤子上看不到的细节，裤边上的补丁也是一个不同寻常的细节。这两件东西放在一起看上去实在是太棒了！”

（3）对顾客反映进行测试。

导购话术：“您觉得怎么样？”

二、连带销售的常用方法

1. 成套搭配法

当顾客选中单件衣服时，导购需要立刻想到穿衣服是要搭配的，导购需要做的就是主动、热情、快速上前为顾客进行搭配。如果顾客选中的是毛衣，导购可以帮他选择外套、裤装或裙子等。“展示三件，卖出两件”的原则是门店许多年以来验证过很多次的一个事实。当导购能够做到平均向每位顾客展示三件商品，那么他平均能够卖出两件，相对于销售单件商品而言，业绩将翻一倍。

2. 品类补充法

当顾客确定购买某件商品后，导购应该积极寻找适合搭配这件商品的其他商品，例如，买了衣服以后可以搭配围巾、皮包、皮带、饰品等，帮助顾客获得最佳的搭配效果和试穿体验。

3. 优惠促成法

店铺的促销活动，如满200送50、买2送1等，是促进客人连带销售的重要措施，作为导购应不失时机地利用店铺促销机会，用兴奋的语气提醒客人，现在买最优惠，买得多，省得多，激发顾客的购买欲望。

4. 补零销售法

当顾客买了388元的衣服时，导购是不是就直接请顾客去付款呢？这个时候可以顺带说一句：“先生，您的衣服是388元，再看看我们的棉袜，12元一双，共400整，我们的棉袜舒适透气，很多顾客买了都回来买第二次，您要不要带一双？”为顾客找那些零钱时，顾客可能还嫌麻烦，为什么不试着推出小配件？

当门店或者商场有“买××送××”或者“买××减××”的促销活动时，如果顾客的购买金额接近活动金额，导购有责任也有义务要告知顾客，此时顾客只要加一件多少钱的商品就可以享受活动优惠，此时，让顾客多买一件，成功几率在90%以上。

5. 新款、主推款推荐法

新品上架，最能吸引那些紧追时尚的人；主推款，放在店铺的抢眼位置，最能吸引顾客视线。当顾客尚未挑中商品时，导购都有必要根据顾客的需求把新品或主推款介绍给顾客，当顾客选中试穿时，导购同样需要把符合顾客要求的备选款式拿给顾客。

6. 同行者推荐法

当顾客和朋友（同伴）一起购物时，在商品推荐和介绍的过程中，无视顾客同伴的感受是不明智的销售。聪明的销售人员不但懂得讨好同伴的喜欢，同时在时机合适的时候鼓励他（她）也试一试，反正闲着也是闲着，这样做不仅能够获得朋友对店铺的肯定，培养潜在顾客，更能积极地推动连带销售。

7. 家人朋友推广法

当顾客对几件衣服都爱不释手时，导购可以告诉顾客：给家人朋友也顺便带两件，现在是特价优惠，机会很难得。

8. 加钱换购法

顾客在屈臣氏买单时，收银台的收银员一定会拿出一张换购单，询问顾客：“我们现在有几款换购商品，非常合算，您看看需要换购吗？”顾客一看，都是日常用得着的商品，价格又很有吸引力，基本上70%以上的顾客都会选择换购其中一样或几样商品（图8－1）。

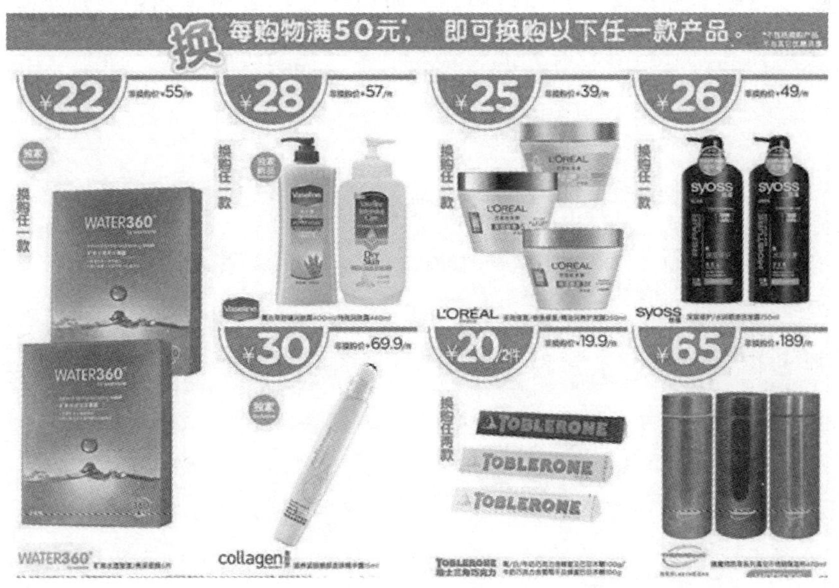

图8－1

三、连带销售过程中的注意事项

（1）在销售服务过程中，开展连带销售是为了给顾客更大的增值和好处，满足顾客的多样需求是最终的目的。

（2）多给顾客正面及支持性建议，学做顾客的顾问，为顾客提供更多的选择、配搭建议和更多的实惠。

（3）向顾客推荐商品时，永远用最快的速度把具体的商品展示给顾客，多多借助商品的搭配效果，而不是停留在嘴上说，说到那件就去拿那件，展示将给顾客最生动的感受，有助于销售每一件商品。

（4）永远把握销售的度，不要给顾客一种“你只感兴趣做一单大生意”的印象。当你在花时间介绍每一件商品来满足顾客的其他需要之前，请给他一个说法。要让顾客感觉你是从他的切身利益出发的。

（5）向顾客展示三件商品以使生意翻番，但不要就此停留在那里，继续介绍连带销售直到顾客的每一种需要都被满足，直到导购实现了每一个存在的销售机会。连带销售不仅满足了顾客的多种需要，更重要的是它增加了销售机会。

（6）多用实物（模特）展示配搭效果，很多时候的连带销售来自橱窗里模特身上的搭配。同时在销售人员给客人做连带销售的时候，多多展示实物搭配的效果，多邀请顾客参与试穿和搭配，这样给顾客的说服力更强。

（7）切记一口吃不成胖子，俗话说：得寸进尺。连带销售是建立在得寸的基础上，然后采取的行动。导购要把握连带销售的时机，在顾客还没有明确购买单件的情况下，不要一次性推荐太多商品，避免引起客人的警觉、反感，和购买的逆反心理。

【情景案例】

导购找准切入点

寒冷的冬季，店铺新上了很多款漂亮的大衣，顾客入店，径直走去看店铺中的几款衬衣。

A导购迎上前去：“小姐，您好！您的气质真好，我们新到的一款大衣特别符合您的气质。”

顾客笑了笑说：“不用了，我随便看看！”

B导购观察顾客之后，判断顾客应该是想找一件衬衣，所以给顾客推荐了一款合适的衬衣，当顾客穿上衬衣后，B导购给顾客送上一件大衣，并且微笑着告诉顾客：“小姐，您可以感受一下这款大衣，您要不要都没关系，我们的衣服都是成系列的、有相互呼应的效果，您可以只要其中一件。”

顾客成套试穿出来发现效果特别好，最终把衬衣和大衣一起买走了。

【案例解析】

顾客进店后径直走去看店铺中的几款衬衣，此时，顾客已经向导购表现出了明确的需求，应该从顾客最关注的货品——衬衣入手，虽然天气很冷，大衣的价值很高，但是顾客可能只需要衬衣，当顾客试穿完衬衣，产生兴趣后，可以再邀请搭配大衣进行试穿。

实操训练

1. 训练目标

通过训练后，能够抓住连带销售的不同时机，灵活使用不同的连带销售方法和话术。

2. 训练要求

（1）行为举止符合服务质量检查规范（较好的仪容、仪表、仪态）。

（2）能够做到微笑服务并正确使用肢体语言。

（3）销售过程中抓住正确的时机主动进行连带销售。

（4）能够灵活运用不同的连带销售方法。

（5）在演练过程中，并有一定的临场应变能力。

3. 训练准备

（1）设计不同的模拟卖场，如服装店、化妆品店、便利店等。

（2）提前准备好“店铺”内销售的商品。

（3）以4～6人为一个小组，组内成员轮流扮演顾客和导购。

4. 训练情景

演练从迎宾到送客出门，包括整个销售过程中的几大连带时机，练习时要抓住不同的切入点，灵活使用不同的连带话术。

（1）迎宾时（假定店里有某项促销活动）。

（2）介绍商品时。

（3）试穿商品时。

（4）确定成交时。

（5）顾客和朋友（同伴）一起购物时。

（6）收银结账时。

（7）送客时。

5. 训练评价（表 8－1）

表 8－1 训练评价表

项目名称			活动小组			
学生姓名			场景角色			
类别	考核内容	分值	自评	小组评价	教师评价	得分
实操评价	服务礼仪规范是否符合要求	20				
	销售状态是否自信、热情	20				
	不同时机的连带销售话术是否正确	20				
	是否能够结合顾客需求推荐合适的商品	20				
	在演练过程中，是否有临场应变能力	20				
	总分	100				

第九章　门店销售“九连环”之七 ——异议处理

本章导学：

俗话说“嫌货才是买货人”，作为导购，在日常的销售过程中，经常会面对顾客提出的各种异议，但是很多导购对顾客异议感到挫折与恐惧，不能有效化解异议。本章的重点在于帮助读者了解顾客异议背后的原因和含义，在以后的销售中能以积极自信的心态面对顾客异议，并正确运用“顺、转、推”三部曲处理各种顾客异议。

学习目标：

1. 正确认识顾客异议。
2. 了解顾客异议背后的含义。
3. 树立面对顾客异议的积极心态。
4. 掌握区分真异议和假异议的方法。
5. 正确区分和处理常见的顾客异议。
6. 学会“顺、转、推”顾客异议处理话术。

第一节　认知顾客异议

【案例导入】

顾客对冰箱的异议

在一次冰箱展销会上，一位顾客指着不远处的一台冰箱对身旁的导购说：“那种天鹅牌的冰箱和你们的这种冰箱同一类型，同一规格，同一星级，可是它的制冷速度要比你们的快，噪声也要小一些，而且冷冻室比你们的大 12 升。看来你们的冰箱不如天鹅牌的呀！”

导购回答：“是的，您说得不错。我们冰箱噪声是有点大，但仍然在国家标准允许的范围以内，不会影响您家人的生活与健康。我们的冰箱制冷速度慢，可耗电量却比天鹅牌冰箱少得多。我们冰箱的冷冻室小但冷藏室很大，能储藏更多的食物。您一家三口人，每天能有多少东西需要冰冻呢？再说，我们的冰箱在价格上要比天鹅牌冰箱便宜300元，保修期也要长6年，我们还可以上门维修。”顾客听后，脸上露出欣然之色。

讨论：

顾客提出了哪些方面的问题？导购通过什么方法说服了顾客？

一、什么是顾客异议

顾客异议是指顾客对推销品、导购、推销方式和交易条件发出的怀疑、抱怨，提出否定或反对意见。

上述案例中，顾客在选择冰箱的时候，通过与竞争品牌的对比，提出了对该品的制冷速度和噪声两方面的质疑和否定，这就是顾客异议。

二、常见的顾客异议类型

1. 需求异议

需求异议是指顾客认为不需要商品而形成的一种反对意见。它往往是在导购向顾客介绍商品之后，顾客当面拒绝的反应。例如，一位女顾客提出：“我的面部皮肤很好，不需要用护肤品。”“我们根本不需要它。”“这种商品我们用不上。”“我们已经有了”等。这类异议有真有假。真实的需求异议是成交的直接障碍。导购如果发现顾客真的不需要商品，那就应该立即停止推荐。虚假的需求异议既可表现为顾客拒绝的一种借口，也可表现为顾客没有认识或不能认识自己的需求。导购应认真判断顾客需求异议的真伪性，对虚假的需求异议，设法让顾客感受商品提供的利益和服务，符合顾客的需求，使之动心。

2. 价格异议

价格异议是指顾客以推销商品价格过高而拒绝购买的异议。无论商品的价格怎样，总有些人会说价格太高、不合理或者比竞争者的价格高。例如，“太贵了，我买不起。”“商品不错，可惜无钱购买。”“我觉得太贵了，不想要这么贵的”等。当顾客提出价格异议，表明他对商品有购买意向，只是对商品价格不满意，而进行讨价还价。当然，也不排除以价格高为拒绝购买的借口。

在实际销售工作中，价格异议是最常见的，价格异议分为真异议和假异议，如果是真异议，顾客无力购买，导购可以将重心转移到相对便宜的商品上；如果是假异议，贵只是顾客的借口，则可以通过导购专业的介绍和顾客的亲自体验，突出商品的价值，让顾客感受到商品是符合他的需求的，物有所值。

3. 权力异议

权力异议是指顾客以缺乏购买决策权为理由而提出的一种反对意见。例如，顾客说：“我做不了主，要问问我老婆的意见。”“我不知道孩子喜不喜欢，明天我带孩子自己过来挑选。”等。与需求异议和价格异议一样，权力异议也有真实或虚假之分。面对没有购买权力的顾客极力推销商品是销售工作的严重失误，在决策人以无权作借口拒绝导购及其商品时放弃销售更是销售工作的失误，是无力销售。导购必须根据自己掌握的有关情况对顾客是否有决策权进行认真分析和妥善处理。

4. 商品异议

商品异议是指顾客认为商品本身不能满足自己的需要而形成的一种反对意见。例如，“我不喜欢这种颜色。”“这个商品造型太古板。”“新商品质量都不太稳定。”还有对商品的设计、功能、结构、样式、型号等提出异议。商品异议表明顾客对商品有一定的认识，但了解还不够，担心这种商品能否真正满足自己的需要。因此，虽然有比较充分的购买条件，就是不愿意购买。为此，导购一定要充分掌握商品知识，能够准确、详细地向顾客介绍商品的使用价值及其利益，从而消除顾客的异议。

5. 导购异议

导购异议是指顾客认为不应该向某个导购购买推销商品的异议。有些顾客不肯买商品，只是因为对某个导购有异议，顾客不喜欢这个导购，不愿让其接近，也排斥此导购的建议。但顾客肯接受自认为合适的其他导购。例如，“我想找你们店长。”“我想找上次帮我搭配的那个导购”等。导购对顾客应以诚相待，与顾客多进行感情交流，做顾客的知心朋友，消除异议，争取顾客的谅解和合作。

6. 品牌异议

品牌异议是指顾客不认可所购买商品品牌的一种反对意见。例如，“我用的是××公司的商品”“我平时都是在××品牌买衣服。”等。顾客提出品牌异议，表明顾客有购买需求，但是对品牌和服务还没有足够的信心。当然，有些顾客是利用品牌异议来与导购讨价还价，甚至以此来拒绝导购的接近。因此，导购应认真分析品牌异议的真正原因，利用恰当的方法来处理品牌异议。

7. 时间异议

购买时间异议是指顾客有意拖延购买时间的异议。顾客总是不愿马上做出决定。事实上，许多顾客用拖延来代替说“不”。导购经常听到顾客说：“让我再想一想，想买的话明天过来。”“我们需要商量一下，明天再过来付款。”等。这些拒绝很明显意味着顾客还没有完全下定决心，拖延的真正原因，可能是因为价格、商品或其他方面不合适。导购要具体分析原因，有的放矢，认真处理。

三、顾客异议背后的含义

作为导购人员，每天在日常的销售过程中，经常会面对顾客提出的各种异议，有商品性能上的，有商品外形上的，有商品质量上的，有商品功能上的，但最多的还是价格方面的异议。在销售对话中，出现反对意见非常正常。导购不应该感觉懊恼，而是应该视解决顾客的疑问为加强信任的推进器。根据不同顾客的反对意见，导购应选择相应的处理方式，并加以解释和说明，这种回答和解释的过程，实质上是一个说服的过程。在这个过程中，导购绝对不能将反对意见变为对销售有影响的负面效应，失掉销售时机。

顾客异议是指在销售过程中，顾客的不赞同、质疑或拒绝。例如，在门店我们经常会听到“上次买你们的鞋，没多久就坏了，我都不敢再买了”“太贵了!”“这种布料容易起皱，一起皱就不好看了”……其实，褒贬是买主，喝彩是闲人。据调查显示：和气的、好说话的顾客其购买成功率只有15%，也就是说，这些不拒绝的顾客并非真正的顾客，嫌货的才是真正的顾客。

然而，多数导购对异议都抱着负面的看法，对太多的异议感到挫折与恐惧，但是对于一位有经验的导购而言，却能从另外一个角度来体会异议，揭露出异议背后的含意——有异议说明顾客对商品有兴趣，有购买的欲望。

从顾客提出的异议，导购能判断顾客是否有需要商品；从顾客提出的异议，导购能了解顾客对导购的接受程度，可以让导购迅速地修正销售战术；从顾客提出的异议，导购能获得更多的信息。

因此，导购必须以良好的心态去认识顾客的异议。没有异议的顾客是最难对付的。销售就是从顾客的怀疑和拒绝开始的！销售商品的过程就是不断化解顾客的各种异议的过程。只要成功化解顾客的异议，就基本上完成了销售。

四、面对顾客异议导购应具备的心态

1. 积极的心态

积极的心态就是把好的、正确方面扩张开来，同时第一时间投入。积极的人像太阳，走到哪里哪里亮，反之消极的人像月亮，初一和十五不一样。

导购人员要有一个正确的心态：顾客的异议并没有什么可怕的，顾客的每一个异议都是让导购攀向成功的阶梯，每当导购解除了顾客的一个异议，导购就向成功销售的目标迈进了一步。当顾客提出异议的时候导购要把每一个异议转换成顾客的一个问题。例如，当顾客对导购说：“你的商品太贵了。”听到这一句话，导购要将其转换成顾客在问：“请你告诉我为什么你的商品值这么多钱?”或是“请你告诉我，为什么我花这么多钱购买你的商品是值得的?”

2. 自信的心态

自信是一切的原动力。没有了自信就没有行动力，导购要对公司充满自信，对自己的商品充满自信，对自己的能力充满自信，对同事充满自信，对未来充满自信，如果导购充满自信，自然就会干劲十足。

因此，导购人员应树立正确的心态，即顾客提出价格异议，并不是真的觉得贵，如果真的贵到接受不了的程度，可能会问也不问就会走掉。导购应该对自己的企业商品有充分的信心，这样在面对顾客质疑时才不会感觉心虚，才能应对自如。导购在引导顾客时，首先应说明商品的特点，再解释优点，最后联系顾客实际阐述能给其带来的利益点，这样才能引导顾客购买企业的商品。

【案例分析】

有两部外观一模一样的车子，一辆标价10万元，而另一辆标价15万元，人们都会觉得后者价格要贵。因为在了解具体商品的内部特点之前，人们往往是凭第一感觉认为商品是不是物有所值，如果导购希望顾客能买15万元的这辆车，就得把这辆车的特点、优点以及利益点说出来，引导顾客购买。导购告诉顾客，这辆15万的车虽然和10万的车在外观和基本性能上一样，但是15万的车比10万的车多了如下配置：电动天窗、ABS + EBD、双安全气囊、金属漆、真皮座椅，而且还有车载DVD、高保真音响系统、发动机功率也要大很多，还有自动巡航系统，因此在商品安全性、驾乘舒服性和趣味性上要好很多。总之，能够讲出的商品差异性越多，顾客就会越觉得价格差异性小，从而增加成交的概率。讲完商品的特点和卖点，再结合顾客的使用阐述对顾客利益点，导购可以这样阐述顾客利益点：“先生，这辆车的电动天窗可以使您不必打开车窗就享受到清新的空气，而ABS + EBD出色的制动性能可以使您在高速行驶时没有后顾之忧，高保真的音响系统可以随时带给您美妙的音乐，停车休息时还可以观看车载DVD电影来打发时间，正副驾驶配备的双安全气囊大大增加了行车的安全性，而金属漆不但抗腐蚀能力更强，还更耐磨，大大减少了车子有一点刮蹭就需要重新喷漆的时间和经济成本。”这样一讲，顾客可能就觉得15万元的车不贵了，反而更划算，可见贵是个相对的概念。

销售行业有句行话：处理异议是销售的“鬼门关”，闯得过就是海阔天空，闯不过去就前功尽弃。因此，导购必须以正确的心态来认识和接受顾客的异议。

第二节　消除顾客异议

【案例导入】

巧妙地化解顾客异议

安迪是一位烹调器的推销员。一次，他在向一位家庭主妇作了商品介绍后，约好第二天再去拜访她。到了第二天，这位家庭主妇虽然在家等着他的拜访，但听了安迪对商品的进一步说明后便说：还要再想一下，这件事还要同丈夫商量后再决定。

这时，安迪虽然知道这次成交的机会不大，但他走前想要确定这位妇女是有意拖延，还是确有理由不买，是真的要同丈夫商量一下，还是打发他走。于是安迪说：“这很好，我到晚上再来，可以吗？”主妇还在拖延着。于是，安迪提出：“让我问你一个问题，什么时候你丈夫带食品回家？”她反问：“你这是什么意思？他根本不带食品回来。”安迪问道：“那谁买呢？”她说：“我买。”安迪问：“你经常买吗？”她说：“当然。”安迪说：

“食品很贵吧？一星期的食品将花费你20元或25元，是吗？”她说：“什么20元或25元！应当是120元或125元，你大概从来没买过食品吧？”安迪说：“是的，让我作保守一点的估计，你每星期花费在食品上至少50元，可以吗？”她说：“可以。”接着，安迪拿出一个笔记本，对顾客说：“夫人，你每星期花费50元买食品，一年如以50个星期算，那将花费2500元（安迪边说边在本上写下50×50）。你刚才告诉我，你已结婚20年了，这20年来，每年2500元，共花费了50000元（写下），这是你丈夫信任你让你买的。你总不会每次把食品都给他看吧！”她听后笑了。安迪说：“夫人，你丈夫既然信任让你用50000元钱买食品，他肯定会让你再花400元买烹调器，以便更好地烹调5万元食品吧？”就这样，安迪卖出了一套烹调器。

讨论：

案例中的主妇是真的要等丈夫回来才能做决定吗？她为什么这么说？安迪采用了什么样的技巧来化解顾客异议？

一、区分真异议和假异议

在推销过程中，化解顾客提出的异议是件比较麻烦的事。“我无权决定购买”的理由冠冕堂皇且很有分量，但安迪却巧妙地化解了这个异议。

导购应该用心辨别客户异议的真和假，透过现象看本质，寻找顾客异议背后的真实含义。只有找到了顾客异议的真正原因和含义，才能有针对性化解异议。在销售过程中，顾客有异议是很常见的。关键是销售员在识别了顾客异议的真假后，要能充分发挥自己的个人能力，引导顾客跟着自己的思路走，把异议处理好。

1. 真实异议

真实异议是指顾客不愿意购买的真正原因，如导购所推销的商品不符合他们的需求，或者他们确实无力支付等。例如，一对即将结婚的恋人将拍婚纱照的预算控制在3000元以内，而导购向顾客推荐8000元的婚纱摄影，即使顾客很感兴趣，但由于严重超出了原来的预算，顾客可能提出价格异议。这种异议就属于真实异议，因为顾客的确无力支付。

当顾客提出真实异议时，则意味着导购所介绍的商品带给顾客的利益还不够充分，或者顾客根本不感兴趣。这时，导购首先要做的是加强对商品的知识掌握，多了解商品能为顾客带来的利益，并积极洞悉顾客的心理。如果顾客仍然不感兴趣或确实无力支付，导购应该适时收场，转而推销其他商品。

面对真实的异议，导购就不宜盲目地继续劝导顾客，而是应该改为推荐更使顾客满意的商品款式。

2. 虚假异议

与真实异议不同，虚假异议是指顾客对导购所推销的商品有需求，但不能把真正的异议提出来，而以其他理由掩盖真实想法，目的是要借此假象达成隐藏异议解决的有利环境。虚假异议是拒绝导购及商品的一种借口。例如，顾客对一件爱不释手的衣服提出虚假异议：“这件衣服的款式还可以，但布料好像粗糙了点儿，不值这个价格！”很多顾客提出价格异议就是希望降价，但又不好意思开口，所以提出其他如材料、品质、外观、颜色等异议，以降低商品的价值，从而达成降价的目的。如果顾客提出虚假异议，导购就要分析其真实原因，并采取相应的应对方法。

3. 看清虚假异议的四种理由

对于顾客提出的异议，导购应该区分出真实异议和虚假异议，并想办法拨开虚假异议的表象，找出真正的原因。一般来说，顾客提出虚假异议时，往往会给出以下四种理由：

（1）拖延理由。拖延理由就是顾客想推迟购买的时间。例如，“这种化妆品还不错，不过我还想再看看有没有更合适的，我打算过段时间再买。”又如，“这款空调价格是挺合适的，但现在天气还凉爽，再过一个月再说吧。”等。如果顾客用拖延理由来拒绝，导购应该针对顾客的具体情况，用恰当的理由去说服顾客。例如，一位小姐表示晚几天再买这件衣服，导购就可以这样回答她：“这件衣服穿在您身上比量身定做的还要合适，也更能衬托您高贵典雅的气质。看您也是真心喜欢它，这样吧，如果您马上决定的话，我们给您打个九折，您也不用浪费时间去其他地方逛了，好吗?”。对于那些犹豫是否马上购买的顾客，导购可以主动做出一点适当的让步，促使其立即决定。对于那些坚决要推迟购买时间的顾客，导购不要再步步紧逼、死缠烂打，而应以积极的态度欢迎与其下次洽谈。

（2）信心理由。当顾客提出信心理由时，说明他给出的是虚假异议。而顾客往往不愿意购买的绝大多数理由就是信心理由，即顾客对导购的承诺或对商品本身缺乏信心，或是对导购的讲解表示怀疑，或是顾客不喜欢导购的仪容仪表、言谈举止或行为方式等。顾客对导购不信任的主要原因是导购的某些不恰当的行为方式引起了顾客的反感。当顾客对导购的承诺及对商品本身都缺乏信心时，导购应该首先向顾客说“我们公司是一家信誉良好的现代化商业企业，购买本公司的商品都有顾客购物保障。”同时，在讲解商品时，导购要态度诚恳、实事求是，不夸大商品的功效，以取得顾客的信赖。此外，导购还应注意建立自己的专业形象，不要把顾客不需要的商品强加给对方，这样才能博取顾客的好感和信任。

（3）价格理由。价格理由就是顾客对商品价格的抱怨，希望降低成交的价格，这是一种常见的虚假异议。如“太贵了”“价格太高了”“我买不起”“这个商品哪值这个价”等。当顾客提出价格异议时，导购可以采取“化整为零法”，即在对顾客讲解时，将付款总额拆散为较小的份额，这样就可以化解顾客的心理价格压力。

（4）隐藏理由。隐藏理由就是顾客给出的理由不是真正的理由，而只是一个虚假的借口。如“我以前也用过同类的化妆品，但现在不想买了。”“我目前还不需要，如果有需要我会联系你的。”等。对于这种隐藏的理由，导购可以用开放式的问题来发问，如“你以前使用的这类化妆品的效果如何呢?”以此来进一步与顾客探讨其需求，并介绍自己所销售的商品的价值，说明该商品既能满足他的需求，又物有所值。

4. 如何辨别顾客的虚假异议

（1）仔细倾听顾客异议的内容。只要导购仔细倾听顾客异议的内容，就会发现顾客会提出一些与商品毫无关系的异议，而有的顾客却非常认真，具体化的讲述异议，提出一大堆异议等导购给予确切回答。

（2）认真观察顾客提出异议的神态。例如，有的顾客不太了解导购所推销的商品，又不愿花时间去听导购讲解，也不想直接就否定了导购的商品。反之，顾客可能说“已购买了”或“今天很忙，有空再给您电话”之类的话作为搪塞。这就表明了顾客不想告诉导购真正的异议。

（3）解答异议后顾客的反应。在解答异议后，若顾客还是左右摇摆，迟迟不签单，有两个可能性：一是顾客根本就没有购买的意愿；二是导购解说时感染力不强，双方没有交集点，答案不清晰。

建议：一般而言，虚假异议都是顾客提出的无效异议。所谓无效异议，是指那些虚假的、不可靠的、不正当的、无根据的反对意见，一般是顾客提出的各种借口，对这类异议要耐心说服、有效引导。

二、巧妙处理顾客异议三部曲

导购经常在门店听到这样的对话：

顾客：这件衣服太贵了！

导购：不贵呀，物有所值嘛……

顾客：这个颜色太艳丽了！

导购：不会呀，今年很流行这种颜色……

顾客：能不能便宜一点？

导购：对不起，我们从来不打折……

……

结果往往是顾客转身离去。

从上述对话中不难发现：导购在应对顾客异议时采取直接抗拒的方式，导致了顾客的离去。

顾客提出各种异议，有时候往往并不是顾客没有需求，也不是商品不能满足顾客，而是因为导购在与顾客的接触过程当中，所采取的沟通方式不到位导致顾客不满意而放弃购买，不仅给销售造成不必要的损失，而且也不利于品牌形象的维护。

在与顾客发生意见不合时，一定要清楚自己谈话的目的是什么，导购不是为了跟顾客争辩谁对谁错，而是为了让顾客愉悦地享受整个购买过程最终购买到合适的商品，有效果比有道理更重要。

面对顾客的异议，导购经常存在两大误区：一是直接指出对方的错误。二是讲道理，论对错。硬碰硬的结果是：赢了道理，输了生意。

导购在处理异议的过程中，不妨学学太极拳高手过招：以柔克刚，借力打力。具体如何做呢？请记住异议处理三部曲：顺、转、推。

1. 顺

关键点：避免抗拒式回应，用接受、认同、肯定、理解、赞美、感谢、复述等方式顺应对方的想法，即同理心表达模式。如果顾客向导购提出异议，说明顾客是有情绪和疑惑的，这时关键是先处理情绪再处理事情，要认同对方，不要直接还击，否则两败俱伤。温和引导顾客到中立的立场，然后再用导购的真诚和专业，引导顾客向下一步走。导购无需赞成顾客的主张，但是导购一定要尊重顾客的立场，毕竟每个人都有不同的认知方式和情绪反应。同感不代表同意，同情不代表同理。同理心认同可以淡化冲突，提出双方需要共同面对的问题，以利于解决异议。

（1）采用与顾客永无争辩的回应模式：点头，微笑，说“是的”“我理解您的感受……”等同理心表达。

【情景案例】

顾客：太贵了！

导购回应：（点头、微笑）是的，一看就知道陈小姐对高品质的服装很在行……（赞美）

顾客：你们的服装看起来真是一钱不值！

导购回应：（点头、微笑）是的！一看张先生就是一个爱开玩笑的人……（大多时候，顾客的异议只是随意说说而已，不必当真）

顾客：你们衣服的颜色太艳丽了，怎么不用一些素雅的颜色？

导购回应：（点头、微笑）是的，非常感谢您的关注和建议，我会把您的建议反馈给我们老板……（感谢认同）

（2）采用获得顾客认同的3F回应模式：F是三个英文的首字母，即（Feel感觉、Felt感觉的过去式、Found发现的过去式）。

【情景案例】

顾客：太贵了！

导购回应：（停顿一下，点头、微笑）是的，我理解你现在的感觉（Feel），过去也有好多顾客和你一样，第一次看到我们的价格会觉得贵（Felt，用其他顾客的感受再次认同，并用他们的故事说服顾客），后来他们穿过我们的衣服以后发现（Found）真的是物超所值，不仅成为我们的老顾客，还经常介绍自己的朋友过来买。

在销售过程中，无论顾客提出多么尖锐的问题与责难，使用同理心表达进行承接，会让顾客降低抗拒的心理，起到意想不到的效果，类似的表达同理心的句子还有：

您说得很有道理……

我理解你的心情……

感谢您的建议……

这个问题问得好……

一看您就是专家……

我知道您这样做是对我们好……

您的意思是……（复述也是认同）

2. 转

关键点：转移顾客的关注焦点或者重新定义异议，带领顾客看到异议背后的深层需求和正面动机。没有永远抗拒的人，只有不懂得变通的人。当顾客提出抗拒的时候，导购要设身处地在顾客的角度理解顾客的心理，明确顾客为什么会提出这样的问题，顾客要达成什么样的目的，导购要尝试解读顾客真正的需求、情绪和感受。读懂顾客是第一步，可以引导顾客来解答，让顾客自己说服自己。

（1）顾客说：太贵了！

解读：顾客的深层需求——让我相信它真的物超所值。

正面动机：其实我是喜欢它的。

感受：怀疑。

转化：这件衣服看起来特别适合您的气质。（强化顾客的正面动机）价钱方面请您放心，一定是物有所值，关键要看合不合适，衣服一定要试穿才有感觉……（转移焦点：把关注点放在“是否适合”这个价值点上，而不是价格上）

（2）顾客说：你们的衣服看起来真是一钱不值！

解读：顾客的深层需求——我需要更多尊重和理解。

正面动机：看起来有品质的衣服才配得上我（注意：不一定就需要贵重的衣服）。

感受：生气，别小瞧我！

转化一：先生/小姐，我感觉您有点生气，是不是我们哪里做得不好，请告诉我们可以改正，谢谢您！（注意：如果发现顾客真有情绪的时候，先处理情绪，再处理事情，真诚面对是最有力量的。）

转化二：（点头、微笑）是的，您说得有道理，不适合自己的东西哪怕一分钱都是贵的……（转换定义：“一钱不值”是因为不适合自己。）

转化三：（点头、微笑）是的，先生/小姐，像您这样有身份的人一定要配有品质的衣服，请问您通常都喜欢什么样的衣服？（转移话题：直接把顾客的焦点放在需求上。）

（3）顾客说：你们衣服的颜色太艳丽了，怎么不用一些素雅的颜色？

解读：顾客的深层需求——我有我的风格。

正面动机：我希望在这里找到适合我的衣服。

转化：小姐，您更喜欢优雅有品位的服装是吗？（转化定义：把“素雅的颜色”转化为“优雅有品位的”，既认同顾客，又可以扩大选择范畴。）

另外，善用“合一架构”转化模式表达不同于顾客的观点和建议。

很多导购在“顺应”之后是这样转化的：“是的，我理解您的感受，但是……”“但是”“可是”这样硬性的转折词具有否定先前所说的功能，会引起顾客新的抗拒。转化最好的表达方法是尽可能不出现转折词，如果一定要出现，注意用“同时”代替“但是”。即用“合一架构”的表达模式，更容易让对方接纳你的建议。例如，“我理解你的心情，同时……”“你的意见很好，同时……”“我尊重你的观点，同时……”。在接纳对方观点的同时，分享自己的看法，不是为了分出对错，而是分享更多的可能性看法，从而让顾客有可能做出更好的选择。

3. 推

关键点：通过前两步的异议回应后，不要滞留在异议处理的环节，要自然推动顾客采取下一步销售行动。如鼓励试穿、建议成交等。

【情景案例】

推：“小姐，衣服一定要穿到身上才有感觉，您穿中码吧，这种饱和度比较高的颜色很适合您的肤色，试一下就知道了，试衣间在这里，请跟我来！”

推：“小姐，难得遇到这么合适的衣服，您是现金还是刷卡？”（假设成交）

在这个环节，有两个点很重要：

（1）注意语气自然、自信、亲和，不要给顾客压力感。

（2）导购的专业度是推动成功的关键。

这个时候专业度就体现在能否做到看准人、看准货、拿准货。能不能迅速根据与顾客的沟通准确地了解顾客的需求，以及结合顾客的气质、肤色、体型、职业、风格、个性等做快速的形象诊断，从而准确、迅速拿出真正适合顾客的服装，这一点才是成功的关键。

【案例解析】

小王（女）是高级白领，收入可观。一天小王和三位女同事去服装店买面料不同的衣服。小王和小李偏爱棉的，小张想买麻的，小赵准备买真丝的。以下是她们与导购的对话。

小王：大衣用棉的做里料，看上去很廉价。

导购：小姐，您真细心，衣服的里料确实是体现衣服品质很重要的一方面。我们的棉里料全部采用高品质的全棉，支数达 60S、80S 甚至 120S，价格非常贵，很多品牌都拿来做面料。全棉做里料不会起静电，穿着很舒适透气。如果您穿中袖的话，手伸进去会很舒服，但化纤就会很闷，会起静电。这样又能穿着舒适，又有品质感，两全其美，不是更好，您说是吗？不信您试试看！

小李：棉的衣服虽然穿着舒服，但是又容易缩水，容易皱还容易褪色 。

导购：小姐，您很有经验，这些确实是棉的特性。但我们家的棉特殊处理过，所以不太会缩水，（如果是强捻棉的话跟顾客介绍有不易起皱的特性）。建议您在洗涤的时候把衣服翻过背面洗，而且浸泡的时间不要太长，不能拧干，这样可以避免易皱掉色现象。重要的是棉还有很大的优点就是吸湿透气，穿着非常舒适。给您拿一件上身感觉一下吧？

小张：这个麻的面料很容易皱的 。

导购：小姐，您很专业，麻确实相对容易皱。但您要买麻，就要接受它的皱，皱也是一种生活态度，体现了放松，不受约束的感觉。而且麻的吸湿透气性很好，穿起来非常舒服，还有抗菌保健的作用呢。再给您介绍几款棉麻的比较一下？

小赵：夏季丝制品很多，真丝商品每次都去干洗，代价好大啊！

导购：嗯，是的呢。丝是比较娇贵的面料，确实要精心打理，干洗是最好的方法。如果您实在觉得不方便，我们这有个水洗的方法，就是打一盆温水，倒入专用的丝毛洗涤剂，充分稀释，把衣服在水里稍微过一下，不要拧干，放在阴凉的地方滴水晾干。但为了打理得更好，还是建议您干洗。好的衣服值得好好对待，您说是吧？

小王：香奈儿都打折，你们还不是一线品牌，为什么不能打折？

导购：小姐，作为顾客的立场，我很能理解您的心情，您的要求也是相当一部分顾客的要求，但如果我们换一种方式思考这个问题：我们始终不打折其实也是对您的一种保证，不希望您原价买的东西过段时间就贬值，您又是我们的 VIP 客人，可以 10:1 积分换购我们的商品，而且给您的 9 折已经最优惠的折扣了，加在一起等于是变相给您打了个 8 折，还是很优惠的！再说，虽然我们不是一线品牌，但是我们面料的供应商是和一线品牌是一样的，品质感是一样的，但是价格就亲民了很多，您觉得呢？

小李：我不要你们的赠品，你再帮我打点折扣吧？

导购：哦，是这样啊，您的要求也有一部分顾客提过，真不好意思，我们品牌是一年四季都不打折的，有赠品这样的活动也是非常少的，而且我们的赠品都是品质感很好的热卖单品，再说，您现在可以免费成为我们的 VIP 客人，VIP 客人是可以以 10:1 的积分换购商品的，其实是变相的帮您打了 9 折，我们的积分 3 年都有效。其实，我们坚持不打折也是对购买我们商品顾客的一种保证。当然，如果您不喜欢我们的赠品的话，也可以作为礼物送人。您觉得呢？

小张：这么贵，这种款式别人家也有，价格比你们便宜好多。

导购：款式类似的商品确实有，这方面我们也了解过。不过在工艺和面料上都有一定的区别，像这件衣服用的是进口的麻料，所以价格方面请您放心，如果是完全一样的商品，不同的价格，顾客也会接受不了的，对吗？不如您摸摸看？

小赵：你们家怎么老是就这么几个款式？

导购：一看您就是我们家的老顾客，对我们家的货品非常熟悉。这几个款式是我们家的经典款式，每年都会有的，但通过不同的搭配就会有不同的风格，同时我们也推出了很多新款，比如说……（引导客人去新品处）。您要不要试试看？

【案例解析】

案例中的几位顾客提出了各种异议，其中有真异议，也有假异议，针对顾客提出的所有异议，导购都非常积极、自信地用异议处理“顺、转、推”三部曲成功化解。

三、常见的顾客异议处理技巧

1. 价格异议

（1）善于察言观色。

（2）重点强调商品的价值。

（3）巧妙的让价策略

（4）顾客利益的满足。

（5）商品核心技术展示。

【话术举例】

你们品牌的衣服太贵了？如果能打折就买。

【错误应对】

①我们是品牌，不打折。

②我们的服饰都是打折完才销售的，我们打的都是3~7折，比其他家价钱都要优惠，而且在我们这里消费，可以享受到终身免费维修、整烫、剪边、织补的服务。还可以免费给您办一张VIP贵宾卡，可以长期享受到8.8折最优惠的折扣。

【正确话术】

先生，除了价格之外其他您都满意吧，在这一点上我也非常希望能够帮到您，同时我有一个这样的看法：我想在您购买的过程中，价格的考虑应该只是一方面原因吧！主要还是要看这款适不适合自己，如果不适合自己就算再优惠，您买回去穿几次就不想穿了，这样价格算起来还更高，您说是吧！正因为这件衣服是这样的价格才值得向您这样成功的男士推荐；我们这款服装是这个季节卖得最好的，我们每天都要卖出去好几件；您仔细看一下这款衣服的面料、工艺都是非常独特的，真的与您的气质非常的吻合，这一款衣服您穿起来真的很适合，如果不能穿在您身上我觉得实在太可惜了，先生您不妨给我一次能为您服务的机会，让您来体验一下我们的服务，先生您想一想，开奔驰和开桑塔纳的感觉是绝对不一样的，您说对吗？那先生我给您包起来好吗，您是付现金还是刷卡呢！是我帮您还是您自己来呢？那先生这边请。（促成生意）

【话术提示】

绝路亦是出路，危机亦是转机。

2. 商品品质

（1）成交顾客举证。

（2）成交顾客的评价。

（3）资质、荣誉展示（营业执照除外）。

（4）企业品质管控标准说明。

（5）个人承诺保证。

【话术举例】

这件衣服穿起来感觉毛茸茸的，是不是里层的质量有问题?

【错误应对】

①不会吧，我们公司的服装面料都是一样的啊。

②这种面料的衣服穿起来就是这样的嘛。

【正确话术】

先生，听您说话就知道您是一个特别细心的人；请给我一点时间允许我在服装的专业知识上跟您做一个介绍，好方便您以后在购买服装的时候更好地区分质量。是这样的，这件衣服的面料成分是天丝的，天丝是一种植物纤维，有优良的吸湿性、柔滑飘逸、舒适性好、强力高，其干强力几乎与涤纶相近，同时天丝具有较高的湿强力；干湿强比为85%，因此，面纤维的表层都会毛茸茸的，所以穿上身会有毛茸茸的感觉；而且保养起来比较方便！那先生您是付现金还是刷卡呢?（引导顾客立即成交）

【话术提示】

找到自己的优点，并充分表达。

3. 售后服务异议

（1）顾客关心的售后服务条款重点说明。

（2）相关售后服务标准条款以书面形式呈现给顾客。

（3）其他顾客售后服务评价。

（4）售后服务团队实力展现。

（5）售后服务渠道及网点展现。

【话术举例】

你们家的毛衣会起球吗？起球了退货吗？

【错误应对】

先生，毛衣属于长纤维制品，起毛、起球是正常的，不过在一般情况下，不摩擦的话是不会起球的，不要奢望毛衣100%不起球，那是不可能的。

【正确话术】

先生，您这个问题提得太棒了，这也是我们很多顾客所关心的问题；请您给我一点时间让我在毛衣专业洗涤/保养知识上给您做一个介绍好吗？是这样的，毛衣是属长纤维制品，本身表面就有一层毛细纤维，在穿着的过程中产生静电以后表层的细毛就会打结形成毛球现象，所以经常摩擦到的地方会起一点小疙瘩；您在洗涤时最好翻过来洗，避免直接搓洗；另外，毛衣穿久了，有些部位会摩得发亮，这时您可用醋、水各半混合液在发亮部位喷洒一下或在洗剂里滴数滴阿摩尼亚再洗涤，洗后色泽丝毫不损，可恢复原样。所以，您只要按我们给您提供的保养方法去操作的话就可以避免起球的情况发生了；如果有类似的情况，您随时拿过来，我们一定以最快的时间帮您处理好，这点您完全可以放心。

【话术提示】

专业与经验往往是打开客户心门的钥匙。

4. 竞争对手异议（品牌异议）

（1）利用本身独有特征。

（2）利用商品独特成分。

（3）利用自己公司的独特优势。

（4）利用竞争对手的弱项。

（5）利用售后服务的差异点。

【话术举例】

你们家的衣服与隔壁那家相比，哪家更好？

【错误应对】

①这很难说的，都还不错。

②各有特色，看个人的喜好。

③我不太了解其他牌子。

④他们就是广告打得多而已。

【正确话术】

①先生，您真是好眼光，您说的牌子其实都很有自己的特色和设计风格。因为都是不错的品牌，来，我们共同研究一下看先生您比较适合什么风格！……转入服装话题。

②其实，我们的品牌与您说的这个牌子都还不错，只是各有各的特色而已，主要还是要看您喜欢的风格、款式，也就是适不适合您自己的问题。我们品牌的特点是商务性休闲，尤其以稳重色调为主。我认为特别适合您的气质。先生，给您一个小小的建议好吗？我个人认为，如果说是一个好品牌，款式又好、质量也不错，真正要选择的那就是售后服务，像我们公司成立7年以来，服务得到了所有顾客的肯定。先生您不妨能给我们一次为您服务的机会，体验一下我们品牌所带给您的服务。来，先生，这边请，我觉得这款非常的适合您……

③您真是好眼光，您说的这几个牌子其实都很有自己的特色和设计风格。因为这几个品牌都是不错的品牌，因此不是哪家更好的问题，关键还是要根据顾客各自的需求来决定。请问您在选择的时候一般是比较注重面料、款式，还是……（引导顾客说出自己的购买偏好）；我认为我们的品牌特别适合您的个性化需求，因为我们的品牌强调的是以商务休闲为主，我们的特点是代表男性的专业、职业化；先生，衣服要上身才可以看出来效果，我给您拿两件衣服您试试就知道了，来这边请！

【话术提示】

市场竞争就是资源博弈，可以突出自己品牌，但是不要随意贬低竞争品牌。

5. 需求异议

（1）说出购买商品带来的好处。

（2）未使用本商品的后悔案例。

（3）顾客正在使用的价格分析。

（4）顾客正在使用的品质分析。

（5）顾客正在使用的售后服务分析。

【话术举例】

我不要什么赠品和积分，你把它们换作折扣抵给我吧！

【错误应对】

①不好意思，我没有这个权限。

②您可真会算呀！

③以前都没有赠品，像您这样我们要亏死了。

④不可能！赠品是拿来赠送的，不能低现金。

【正确话术】

①对不起，我们的赠品和积分都是在商品正常销售的基础上额外馈送顾客的，就相当于您来我们这儿买东西，公司额外送给您的礼物，这一点真的要请您谅解。赠品和积分与价格没有关系，不过这些赠品是我们公司特意为顾客精心挑选的，很多顾客也非常喜欢，而且又很实用，您平时可以……（解说用途，并与顾客相结合）

②这一点真的很抱歉，其实大家买东西都会希望更便宜一点，只是赠品确实是用来赠送给顾客的。昨天有个顾客也跟我提到这件事，不过后来还是接受了我们的赠品，毕竟您关注的还是购买的衣服，像您购买的这套西服……（述说优点、赠品其中起到锦上添花的作用）最主要的还是这套西服特别适合您。

【话术提示】

并非顾客的每一个要求都是合理的，导购要学会积极地拒绝顾客。

6. 权限异议

（1）恭维认同顾客权限。

（2）尽量现场促成成交。

（3）赞美认同顾客陪同者。

（4）留顾客相关资料及联系方式。

（5）主动留咨询方式（名片）给顾客。

【话术举例】

这款衣服还不错，下次我带朋友来帮我看看后再决定。

【错误应对】

①好吧，那您下次再过来吧。

②又不是您的朋友穿，自己喜欢最重要。

③别到时候再买了，喜欢就今天买吧。

【正确话术】

①先生，那您今天不带朋友来真是太可惜了！这件衣服您穿起来简直就像为您量身定做的一样，价位又很适中，而且我们这款衣服也是这个季节卖得最火的一款，如果错过这个时间，我也不确定还有没有货。因为像这个季节的商品我们也不会再进货了，如果没有

那多糟糕呀，所以我建议您还是今天买比较合适，并且衣服只有穿在自己的身上，才知道是不是适合自己……

②哎呀，那好吧，只是我比较担心您下次来的时候还有没有这个款式，因为这款衣服卖得比较火。上次有个顾客看好一款衣服当时没有买，仅仅晚了1天，结果就没有了，调货也调不到，像这个季节的商品我们也不会再进货了。所以我建议，您要是真的喜欢，还是今天把它带回家吧，来，我给您包上……

【话术提示】

犹豫不决就是缺乏信心，导购要善于为顾客参谋并推动顾客做出决定。

7. 导购异议

（1）认同顾客的异议，并表示感谢指点。

（2）赞美顾客专业，并表示非常愿意向其学习。

（3）借领导之口，重塑导购的形象。

【话术举例】

你们卖衣服时都说得很好，哪个卖瓜的不说自己的瓜甜呢？

【错误应对】

①如果您这样说，我就没办法了。

②算了吧，反正我说了您又不信。

③沉默不语，继续做自己的事情。

【正确话术】

①先生，您说的这种情况现在确实存在，所以您有这种顾虑我完全可以理解。不过请您放心，我们公司成立8年以来，一直都是以诚信为主，所以才能经营至今，并且我们的生意主要靠像您这样的老顾客一直以来的支持与照顾，所以我们绝对不会拿自己的商业诚信去冒险。我相信，我们一定会以真正的质量来获得您的信任，这一点我们是绝对有信心的。先生，您可以给我一次为您服务的机会，让您真正的体验一下我们品牌所为您提供服装的品质到底如何，来，先生，您看这件衣服是我们昨天刚到的新款，我觉得非常的适合您的气质，先上身试一下，相信您一定会满意的……

②我能够理解您的这种想法，不过这一点请您放心。一是，我们的“瓜”的确很甜，您试了就知道了，这点我很有信心；二是，我是卖“瓜”的人，并且我已经在这个店卖了很多年的“瓜”了。如果“瓜”不甜，您肯定会回来找我的，所以必须是好瓜才能献给您。当然，仅我这个卖“瓜”的说“瓜”甜还不行，您自己也“尝”一下，看看衣服穿

上身的效果如何。来，先生，这边请！（引导顾客去试穿）

【话术提示】

当顾客对导购不信任时，首先要做的就是恢复顾客对导购的信任。

实操训练

1. 训练目标

通过训练能够正确区分顾客的真假异议，熟练使用“顺、转、推”流程处理常见的顾客异议。

2. 训练要求

（1）行为举止符合服务质量检查规范（较好的仪容、仪表、仪态）。

（2）能够做到微笑服务并正确使用肢体语言。

（3）正确区分顾客的真、假异议，并加以引导。

（4）能够根据“顺、转、推”三部曲写出常见异议的处理话术。

（5）在销售过程中正确运用“顺、转、推”流程处理顾客异议。

（6）在演练过程中，有一定的临场应变能力。

3. 训练准备

（1）设计一个模拟卖场，准备销售道具和商品。

（2）制作异议处理卡。

（3）以4~6人为一个小组，组内成员轮流扮演顾客和导购。

4. 训练情景

【任务一】

在每张异议处理卡上写一条常见异议，小组讨论，根据“顺、转、推”流程写出对应的三个异议处理话术。

（1）价格太贵了。

（2）我考虑考虑，明天过来买。

（3）这个面料太厚了。

（4）我要跟我老婆商量一下，我做不了主。

（5）这个颜色太艳了，不适合我。

（6）你们这个牌子我从来没有听说过。

【任务二】

组内成员轮流扮演导购，根据不同场景，灵活运用异议处理卡上写出来的话术。

5. 训练评价（表9－1）

表9－1　训练评价

项目名称			活动小组			
学生姓名			场景角色			
类别	考核内容	分值	自评	小组评价	教师评价	得分
实操评价	服务礼仪规范是否到位	20				
	销售状态是否自信、热情	20				
	异议处理话术是否符合“顺、转、推”流程	20				
	运用话术的时候是否流畅、自然	20				
	演练过程中，是否有临场应变能力	20				
	总分	100				

第十章　门店销售“九连环”之八——临门一脚

章节导学：

临门一脚是指能对销售成交起决定性作用的销售促成动作，在零售终端，很多门店导购由于没能准确把握成交的时机，不敢或不会踢单，最终无法成交。本章重点是学会捕捉顾客的成交信号，并采取正确的方式和话术，做到及时成交。

学习目标：

1. 学会抓住顾客的购买信号。
2. 掌握常用的成交方法。
3. 了解各种成交方法的优点和缺点。
4. 熟悉各种成交方法对应的话术。

第一节　捕捉顾客购买信号

【案例导入】

把握好成交时机是成功的关键

小王是某配件生产公司的销售员，他非常勤奋，沟通能力也相当不错。前不久，公司研发出了一种新型的配件，较之过去的配件有很多性能上的优势，价格也不算高。小王立刻联系了他的几个老顾客，这些老顾客们都对该配件产生了浓厚的兴趣。

此时，有一家企业正好需要购进一批配件，反复向小王咨询有关情况。小王详细、耐心地向他解答，对方频频点头。双方聊了两个多小时，十分愉快，但是小王并没有向对方索要订单。他想，对方还没有对自己的商品了解透彻，应该多接触几次再下单。

几天之后，他再次和对方联系，同时向对方介绍了一些上次所遗漏的优点，对方很是高兴，就价格问题和他仔细商谈了一番，并表示一定会购进。这之后，对方多次与小王联络，显得非常有诚意。

为了进一步巩固顾客的好感，小王一次又一次地与对方接触，并逐步和对方的主要负责人建立起了良好的关系。他想这笔单子已经是十拿九稳的了。

然而，一个星期后，对方的热情却慢慢地降低了，再后来，对方还发现了他们商品中的几个小问题。这样拖了近一个月后，这笔到手的单子就这样没了。

讨论：

明明顾客已经对小王公司的配件感兴趣了，为什么最后单子却没了呢？小王在销售过程中哪个环节出问题了？

案例中，小王的失败，显然不是因为缺乏毅力或沟通不当，也不是因为该商品缺乏竞争力，而是因为他没有把握好成交的时机。过于追求完美，过于谨慎，让他错失了良机。销售过程中沟通最终失败的结果并不是因为我们没能有效地说服顾客进行购买，很多时候，顾客已经做好了购买决定，可是导购却没能及时发现这些成交信号，结果大好的成交机会就这样被轻易错过了。

在顾客决定购买，并达成成交协议后，作为导购，此时千万不要有大功已经告成的心态，没有成交，再好的销售过程也只能是风花雪月。增加成交率需要导购在销售过程中做到以下三条：捕捉和识别顾客准备成交的信号；把握好成交的适当时机；运用一些有效的成交技巧，最后拍板成交。

在多数情况下，顾客不会主动表示购买。但如果顾客有了购买欲望，通常会不自觉地流露出购买意图，而且是通过其语言或行为显示出来。这种表明其可能采取购买行动的信息，就是顾客的购买信号。

当顾客有意购买时，通常都会因为内心的某些疑虑而不能迅速做出成交决定，这就要求导购必须要在销售过程中密切注意顾客的反应，以便从中准确识别顾客发出的成交信号，做到这些，可以有效地减少成交失败的可能。

尽管购买信号并不会导致购买行为，但是导购可以把购买信号的出现，当作促使购买协议达成的有利时机。顾客发出的购买信号是多种多样的，这需要通过导购的观察和把握这些暗示的语言动作，通常导购识别顾客购买信号有听其言（包括言词与语音语调）、察其行和观其情三大方法。

一、语言信号

当顾客产生了一定的购买意向之后，往往会向导购询问商品的一些具体信息。例如，询问商品某些功能及使用方法、价格，或者向导购询问其他老顾客的反应、询问公司在顾客服务方面的一些具体细则等，这就需要导购及时做出反映，抓住成交时机。

（1）顾客开始询问一些比较细致的商品问题，例如，商品某些功能及使用方法，其他老顾客的反应，公司在顾客服务方面的一些具体细则等。

（2）顾客对商品给予真诚的肯定和称赞，或者对商品爱不释手。

（3）征询朋友的意见，说明他想买，正在求证。

（4）询价或讨价还价，这是一个最显著的信号，谈好价格后基本就可以成交。

（5）询问交易方式、购买手续、付款条件等。

（6）对商品的细节提出很具体的意见和要求。

（7）顾客提出“假如我要购买”的试探问题。

（8）对商品质量或工艺提出疑问，说明顾客关心买了以后的使用，并为价格谈判做铺垫。

（9）了解售后服务的各项细节。

作为一名导购，一定要牢记：顾客提出的问题越多，成功的希望也就相应的越大。顾客提出的问题就是购买信号，尤其是顾客在听取导购回答问题时，显示出认真的神情。

二、动作信号

一旦顾客完成了对商品的认识与情感过程，就会表现出与导购介绍商品时完全不同的动作。如由静变动，开始体验商品，要求试穿商品，认真听取导购的介绍。导购要善于捕捉顾客的动作变化，因为这是顾客购买心态变化的不自觉外露。

（1）坐姿发生改变，原来是坐在椅子上身体后仰看着导购，现在直起身来，甚至身体前倾，说明原来对导购的抗拒和戒备，变成了接受和迎合。

（2）动作变化，原来静止地听导购介绍变成动态，或者由动态变为静态，说明顾客的心境已经改变了。

（3）顾客不再提问，而是认真地思索。

（4）从单一角度观察商品到从多角度观察商品。

（5）反复检查商品的做工、质量等细节。

（6）打电话询问家人或者打电话询问心目中的专家。

（7）以眼神或语言询问身边朋友的意见。

三、表情信号

人的面部表情是不容易琢磨的，人的眼神有时更难猜测。成功的导购仍可以从顾客的面部表情中读出购买信号。如眼神的变化：眼睛转动由慢变快，眼睛神采奕奕；腮部放松：由咬牙深思或托腮变为脸部表情明朗轻松、活泼与友好；情感：由冷漠、怀疑、深沉变为自然、大方、随和、亲切。

顾客不自觉的表情变化，需要导购自始至终地非常专注，就好比打开的雷达一样，不断地扫描购买信号的出现。

（1）当顾客开始认真地观察商品，表示对商品非常感兴趣时，在听导购介绍商品的时候若有所思地把玩商品，很可能顾客内心正在盘算怎样成交呢。

（2）顾客的表情从戒备、抵触变为放松，眼睛转动由慢变快，眼睛发光，腮部放松，这都表示顾客已经从内心接受了商品。

（3）在导购讲话的时候，顾客频频点头，说明顾客已经接受导购的观点和建议。

（4）脸部表情从无所谓、不关注变得严肃或者沉思、沉默，说明顾客在思考，可能由于下决心不容易，才有沉思和严肃。

（5）态度由冷漠、怀疑变成自然、大方、亲切，也说明对导购和商品的接受。

（6）认真听导购介绍商品的有关信息，并不断点头。

（7）当顾客身体靠在椅子上，眼睛左右环顾后突然直视着导购的时候，说明顾客正在下决心。

四、导购面对顾客成交信号时的注意事项

（1）随时做好准备接受顾客发出的成交信号，千万不要在顾客已经做好成交准备的时候，导购却对顾客发出的信号无动于衷。

（2）要准确识别顾客发出的成交信号，无论是识别错误还是忽视这些信号，对导购来说都是一种损失，对顾客来说也是一种时间和精力上浪费。

（3）顾客很可能会通过某些语言上的交流流露出一定的成交兴趣，导购要随时注意顾客的这些语言信号。

（4）有经验的导购可以从顾客的某些行为和举动方面的变化有效地识别成交信号，如果普通导购能够做到多观察、多努力、多询问，也会获得这种宝贵的经验。

（5）在把握顾客发出的成交信号时，导购要坚持“宁可信其有，不可信其无”的基本原则，即在无法确信顾客的某些表现是否有意成交时，你也要抓住这样的信号不断深究，而不要轻易地将其忽略过去。

第二节　“临门一脚”的成交技巧

【案例导入】

美洲杯决赛，阿根廷和智利在120分钟战成0:0平，进入点球大战，最终阿根廷1:4告负，继巴西世界杯决赛失利之后，阿根廷又在美洲杯决赛输球。赛后，媒体和球迷纷纷将矛头指向伊瓜因——错失必进球，点球大战射飞点球，关键时刻靠不住。

阿奎罗发挥不佳，马尔蒂诺将伊瓜因派上场，90分钟比赛的最后一刻，伊瓜因本有机会终结比赛。梅西直塞，拉维奇在禁区左肋传中，伊瓜因后点小角度近距离的包抄，将球推到边网上。皮球距离球门不到1m，只要打正，门将很难扑救，可偏偏铲射脱靶，等于是帮智利解围。

讨论：

为什么赛后，媒体和球迷纷纷将矛头指向伊瓜因？

“临门一脚”是足球术语，指靠近球门的射门。只要最后射门不进球，前面的传球、控球过程再好也是白费力气。“临门一脚”引申在门店销售中指能对销售成交起决定性作用的销售促成动作，是整个销售流程里面最关键的一次努力。同样的道理，只要最后顾客不买单，前面的销售服务、商品介绍等环节再好也出不了业绩。

在零售终端，很多门店导购由于没能准确把握成交的时机，不敢主动踢单，或者想踢出这“临门一脚”，但是找不到正确的方法和话术，导致最终无法成交。门店导购常用的成交方法有哪些呢？

一、直接请求成交法

直接请求成交法又称为请求成交法或直接成交法，是导购用简单明确的语言直接要求顾客购买的一种方法。

1. 直接请求成交法的适用范围

在大多数情况下，只要顾客表现出要求成交的信号，都可以运用直接请求成交法。但是，在下列情况下，可优先考虑使用这种方法。

（1）对一些老顾客适用此法。因为导购与顾客比较熟悉，双方无需多费口舌，而且由于双方具有良好的交往关系，顾客大多不会拒绝购买建议。

（2）当知道顾客对商品产生好感时。导购明确顾客对商品产生好感，已有购买倾向，但一时又犹豫不决，拿不定主意时，也可以用直接请求成交法来促使顾客实施达成交易的行为。

（3）促使顾客集中思考购买问题。当需要促使顾客集中思考购买问题时，也常用直接请求成交法。

（4）顾客提不出新的异议时。当顾客已经提不出新的异议，想买又不主动开口时。导购可利用直接请求法，以节约时间，结束销售过程。

2. 直接请求成交法的优点

（1）可以有效地促成交易。在销售过程中，会经常出现一些成交机会，但不能指望顾客会主动提出成交，只能由导购通过观察，寻找顾客要求成交的信号，由导购主动提出成交要求，向顾客实施一定的成交压力，迫使顾客立即做出购买反应，达成交易。

（2）可以充分利用各种成交机会。在销售中，顾客会通过各种方式表达出自己的成交意向，导购一旦发现成交信号，应主动提出成交要求，及时促成交易，以免错过有利的成交时机。

（3）提高工作效率。直接请求成交法可以节约销售时间，提高销售工作的效率。

3. 直接请求成交法的缺点

（1）可能破坏销售气氛。此种方法可能产生比较大的成交压力，破坏销售气氛。对顾客来说，导购的请求就是一种压力，这种压力可能成为销售进程中无形的障碍。如果导购对成交时机把握得不准，盲目要求成交，会使顾客产生有意或无意的自动抵制，影响销售的效果。

（2）可能使导购失去控制权。直接请求成交法可能会使导购失去成交的控制权，造成被动局面。因为导购主动要求成交，会使顾客自信十足，好像导购有求于顾客，顾客会获得心理上的优势和成交的主动权，而导购却转入被动，进而增加成交的困难，降低成交效率。

（3）可能引起顾客的反感。如果导购滥用直接请求成交法，可能引起顾客的反感，产生成交障碍，不利于达成交易。

4. 话术举例

“您觉得合适的话我帮您开单？”

“您看您家孩子穿起来这么帅，我帮您开单吧？”

二、假设成交法

假设成交法是顾客还在犹豫，导购假定顾客已决定购买商品了，又称“假定成交法”，是导购展开销售努力的一种成交法。

1. 假设成交法的适用范围

同直接请求成交法。

2. 假设成交法的优点

它将销售直接带入实质性阶段，使顾客不得不做出反应。可以节约销售时间，提高销售效率；可以适当减少顾客的心理压力，形成良好的销售气氛；可以把顾客的成交信号转化为成交行动，促成交易的最终实现。

3. 假设成交法的缺点

假设成交法有时候会产生过高的成交压力，破坏成交气氛，不利于进一步处理顾客异议，可能会让导购丧失成交的主动权。

4. 假设成交法的注意事项

（1）必须善于分析顾客，对于那些依赖性强的顾客，性格比较随和的顾客以及一些老顾客可以采用这种方法。在顾客类型里，熊猫型和孔雀型的顾客用假设成交法效果比较好。

（2）必须发现成交信号，确信顾客有购买意向，才能使用这种方法。

（3）尽量使用自然、温和的语言，创造一个轻松的销售气氛。

5. 话术举例

“您直接穿走还是帮您包起来？”

“我帮您开单吧。”

“我帮您把吊牌剪掉，直接穿回去吧。”

三、最后机会成交法

最后机会成交法是指导购直接向顾客提示最后成交机会，促使顾客立即购买商品的一种成交技巧，又称“限制成交法”“无选择成交法”或“机会成交法”。

1. 最后机会成交法的适用范围

（1）数量机会：告诉顾客所剩商品不多，提示顾客赶快购买。

（2）时间机会：告诉顾客，某种商品在一个很短的时间之后，可能就买不到了。

2. 最后机会成交法的优点

（1）合理运用机会成交法，可以增强成交说服力和感染力，产生机会成交心理效应，促成成交。

（2）恰当运用机会成交法，可主动限制顾客的成交内容和成交条件，促使顾客立即购买导购所销售的商品，及时达成交易。

（3）巧妙运用机会成交法，可向顾客施加一定的机会成交心理压力，促使顾客自动成交。因此，正确运用机会成交法，直接提示成交机会限制，顾客就生怕错过眼前的机会，产生一定的机会成交心理压力。

（4）合理运用机会成交法，可以造成有利的成交气氛，吸引顾客的成交注意力。

3. 最后机会成交法的缺点

（1）机会成交法运用不当，可能使导购失去成交主动权，降低成交效率。

（2）机会成交法运用不当，可能使导购丧失销售信誉，增加新的成交困难，不利于成交。有的导购滥用机会成交法，随意限制顾客的成交选择权，明明还有同类商品，却硬说是最后一件，有的天天喊着是“最后一天”，结果不是机会难得，而是机会常在。由于欺骗顾客，失信于顾客，顾客便不再登门。

（3）滥用机会成交法，可能使顾客失去信心。导购若过分地限制顾客的购买方式及其他有关购买资格和购买条件，就会使顾客失去购买信心，只好放弃成交机会。

（4）滥用机会成交法，可能产生成交心理压力，造成不利于成交的气氛。机会成交本是导购直接限制顾客的购买资格、购买时间、购买数量，施加成交心理压力的手段。但若运用不当，施于顾客的心理压力过大，就会过犹不及，造成顾客反感，失去成交机会。

4. 运用机会成交法的注意事项

（1）导购应讲究职业道德，提高销售信誉。运用机会成交法时，导购应实事求是，不能欺骗顾客，也不要随意限制顾客的成交选择权，而应让顾客认识到导购所提示的最后机会是在向他们提供重要的信息，目的是帮助顾客做出理智的购买决定。

（2）导购应该直接向顾客提示成交机会，开展重点销售，激发顾客的购买动机，激起顾客对销售商品的占有欲望，刺激顾客当即购买的决心。

（3）运用机会成交法时，导购应通过广告宣传攻势造成一定的成交氛围，强调成交机会千载难逢，失去机会就等于损失金钱。

（4）运用机会成交法时，导购应适当限制顾客的成交内容和成交条件，施加一定的成交心理压力，以促使顾客立即购买商品。

5. 话术举例

“王姐，今天是活动最后一天，明天恢复原价，今天不买可惜了。”

“这个款式只剩下最后一件了。”

四、二择一成交法

二择一成交法是指提供给顾客的几种选择方案，任其自选一种，而不给顾客拒绝的机会。

1. 二择一成交法的适用范围

（1）当知道顾客对商品产生好感，顾客又犹豫不决时。

（2）当顾客对挑选的多件服装不知道如何搭配时。

（3）当顾客面对多件喜欢商品，最后不知道该选择哪件时。

2. 二择一成交法的优点

在销售过程中，顾客面对自己喜欢的多件商品时，经常会挑花眼，无法快速决定。导购采用二择一成交法可以帮助顾客缩小选择的范围，让顾客轻松做出抉择，节约销售时间，提高销售工作的效率。

3. 二择一成交法的缺点

（1）有部分犹豫型的顾客，面对两个选择仍然会纠结，难于做决定。

（2）二择一成交法意味着导购要直接帮助顾客做出选择，如果导购对顾客的购买需求和购买信号把握不准确，或者导购专业度不高的话，有可能会导致顾客的客单价受到局限或者造成顾客流失。

4. 二择一成交法的注意事项

（1）仔细观察顾客需求，使用二择一成交法的时候，选择顾客在挑选或试穿过程中关注度更高的商品。

（2）给顾客的选择应该是选 A 还是选 B，而不是要或者不要。两种不同的二择一提问方式会直接影响到顾客的成交。

【案例分享】

两家卖粥的小店

有两家卖粥的小店，左边的店和右边的店每天的顾客相差不多，都是川流不息，人进人出的。然而晚上结算的时候，左边的店总是比右边的店多出百十来元，天天如此。

为什么呢？因为两家粥店在成交的时候，服务小姐说的话不一样。

顾客走进右边的那个粥店，每进来一个顾客，服务小姐在盛好粥后都会问：“加不加鸡蛋？”有说加的，也有说不加的，大概各占一半。

顾客走进左边这个小店。服务小姐给顾客盛好粥后都会问一句：“加一个鸡蛋还是加两个鸡蛋？”爱吃鸡蛋的就要求加两个，不爱吃的就加一个。也有要求不加的，但是很少。

一天下来，左边的店就要比右边的店多卖出很多个鸡蛋。

5. 话术举例

“姐，请问您是两件一起带回去还是先拿一件呢?”

“先生，请问您是西装、领带和衬衣一起买，还是暂时先买衬衣和西装呢?”

“先生，您是带一双袜子还是两双袜子呢?”

实操训练

1. 训练目标

通过训练能够及时捕捉顾客的成交信号，并主动踢单，促成交易。

2. 训练要求

（1）行为举止符合门店销售服务礼仪标准。

（2）能够做到微笑服务并正确使用肢体语言。

（3）能够及时捕捉顾客的成交信号。

（4）能够抓住成交信号及时踢单。

（5）在演练过程中，有一定的临场应变能力。

3. 训练准备

（1）设计一个模拟卖场，准备销售道具和商品。

（2）以 4 ~6 人为一个小组，组内成员轮流扮演顾客和导购。

4. 训练情景

两人一组，一人扮演顾客，一人扮演导购，顾客演绎出 3 ~5 种成交信号，导购根据顾客的成交信号运用不同的成交方法及时踢单。

5. 训练评价（表 10 –1）

表 10 –1　训练评价

项目名称			活动小组			
学生姓名			场景角色			
类别	考核内容	分值	自评	小组评价	教师评价	得分
实操评价	服务礼仪规范是否到位	20				
	销售状态是否自信、热情	20				
	是否能够及时抓住顾客的成交信号	20				
	根据顾客的成交信号是否能采用正确的方法和话术促成交易	20				
	演练过程中，是否有临场应变能力	20				
	总分	100				

第十一章　门店销售“九连环”之九
——售后服务

章节导学：

标准化的收银服务流程和售后服务是保持顾客满意度、忠诚度的有效举措，是下一次销售前最好的促销，售后服务是企业摆脱价格大战的一剂良方。本章重点在于帮助读者掌握正确的收银服务流程，建立正确的售后服务理念。

学习目标：

1. 熟悉门店收银服务流程。
2. 建立售后服务的正确理念。
3. 掌握售后服务的方法。
4. 学会正确使用售后服务话术。

第一节　门店收银服务流程

【案例导入】

收银员的服务

顾客玲玲在某品牌试穿了几件衣服，最终选定了两条漂亮的裙子，玲玲愉快地去到收银台买单。但是当她掏出卡准备付款时，收银员告诉她刷卡机网络有问题，必须等一会儿。玲玲等了几分钟，问收银员什么时间能修好，她赶时间，但是收银员很不耐烦地说：“没看我正在弄吗，我怎么知道要几分钟。”玲玲一听，看了一眼不耐烦的收银员，又看了一眼选好的两条裙子，走出了店门。

讨论：

假如你是那个收银员，你会怎么做？

一、收银的重要性

收银作业是门店销售服务管理的一个关键点。收银台是门店商品、现金的“闸门”，商品流出、现金流入都要经过收银台，因而，稍有疏忽就会为公司带来不小的损失。

收银工作也是门店服务中一个非常重要的环节，收银作业已经不仅仅是一个单纯的结账服务，收银工作直接面对的就是顾客，在收取货款的过程中，也能体现出公司的服务形象和服务精神，要让顾客在购买商品的同时还能收获心灵上的满足感。如果收银员操作不当或者服务不好，会直接造成顾客流失。

二、收银员必须具备的基础知识

1. 熟识门店的主要商品

（1）熟识门店主要商品的分类及摆放位置。

（2）熟识门店主要商品每期的特价和调价。

2. 熟练掌握收银机、读卡机的操作

（1）输入商品资料。

（2）更正输入的商品资料。

（3）退货、换货（由门店店长控制操作）。

（4）取消整笔交易。

（5）收款方式选择。

（6）其他操作功能。

（7）下班前结算。

3. 信用卡、会员卡的使用

（1）国内信用卡由银行发行并只能在国内使用，国际信用卡可以在发行国和世界其他国家使用。

（2）信用卡使用原则。

①应为各个银行准备不同的销售单，每套包括三份：给顾客的、给银行的和门店自留的。

②应留意观察信用卡的外观，各个银行的信用卡外观是有显著不同的。

③每张信用卡应写有持卡人姓名和有关银行标志。

④要注意核对信用卡的实际所有人和持卡人是否相同。

4. 会员卡的使用

先在读卡机上读出会员卡，然后根据会员的类别对商品进行优惠。

5. 现金管理

（1）收银员应严格执行财务现金管理原则和规定。

（2）有权拒绝任何形式的套现行为：优惠卡套现、支票套现、信用卡套现等。

（3）货款必须及时存入银行，在任何时候，在任何情况下，不得以任何理由挪用货款。

（4）交班前应将零用钱备妥，并填妥有关报表。

（5）交接班时应相互清点金钱，清点完毕后由接班人员按收银机责任键。

（6）营业结束前不得在款台上清点货款。

（7）将每天销售余额交于门店出纳，由出纳存入保险柜，并妥善保管保险柜钥匙。

（8）缴款单或银行存款单上的票面、金额必须字迹清晰、明确，不得涂改。

6. 鉴别假币和变造币的方法

（1）纸张识别：人民币纸张采用专用钞纸，成分是棉短绒和高质量的木浆，具有耐磨、挺括、不易折断的特点，抖动时发出清脆的响声。

（2）水印识别：人民币水印是在造纸过程中采用特殊工艺，使纸纤维规程形成的水印，具有层次分明、立体感强、透光观察清晰的特点，而假币水印模糊，无立体感，变形较大，用浅色油墨夹印在纸张正背面，无须迎光透视就能看到。

（3）凹凸技术识别：真币特点是图案层次清晰、色泽鲜艳、立体感强、触摸有凹凸感。而假币图案平淡，手感平滑。花纹图案模糊，并且由网点组成。

（4）荧光识别：50 元、100 元面值的人民币分别在紫光灯下能显示面额“50”“100”和“WU SHI”“YI BAI”金黄色的字样，真币吸光，整版放在紫光下无反光反映。而一般的假币在紫光灯下没有暗记，个别是虽有暗记，但暗记颜色为白色并不清晰，纸张有明显的荧光反映。

（5）安全线识别：真币安全线是立体实物与钞纸融为一体，无凸起、有手感；假币一般是印上或加入的立体实物，会出现票面皱褶、分离现象。

三、收银服务流程

收银服务流程如表 11 - 1 所示。

表 11 - 1　收银服务流程

步骤	要　求	收银标准用语
1. 接待顾客和商品登记	认真接待每一位顾客。要求在扫描或输入商品登记时，要手快并保证准确性。在商品全部登记后要清晰地报出商品的数量和顾客应付的总金额，并询问用何方式结账、是否有会员卡或其他抵价券	“您好，买单是吗？” “请稍等！” “总共是××元。” “请问现金还是刷卡呢？” “有会员卡或抵价券吗？”
2. 递送销售单和现金（或信用卡）接收	销售单要双手递给顾客，收顾客现金时也要双手接款并唱收和认真核对，同时要留意钱币的真假	“这是您的销售单，请收好！” “收您××元，对吗？” “这是您的银行卡，请输入密码。”
3. 现金找付银行卡交还	找出正确零钱将大钞放下面，零钱放上面，双手将现金连同收银机收据交给顾客。待顾客没有疑问时，把收银机的抽屉关闭好	“对不起，让您久等了！” “找您××元，请点收。” “您的银行卡请拿好。” “麻烦您在 POS 单上签名。”

续表

步骤	要　求	收银标准用语
4. 小件商品包装入袋	对于小件商品（如生活电器等）可对其进行装袋，注意轻拿轻放。装袋时要怀有感谢心和责任心	“请问需要装袋吗?” “先帮您装袋，可以吗?”
5. 大件商品填写送货单	对于大件商品，要主动询问顾客表示可以免费为顾客送货上门。拿出送货单，请顾客填写送货地址，并注明送货时间（一般情况下应该由导购来完成）	“您需要送货吗？我们门店可以为您提供免费送货上门服务我们会为你送货上门，送货前会电话通知您。”
6. 谢送顾客	提醒顾客把所有的购物袋或者寄存的物品都带上，不要遗忘，然后致谢	“您的东西，请拿好!” “谢谢，欢迎再次光临！如果您有商品方面的疑问请随时到门店咨询，我们会尽量解决!”

四、收银注意事项

（1）若顾客提示刷卡结账时，则要先确定所持的卡是否为银行或公司指定的金融卡，然后才可按刷卡的正确流程操作。

（2）若顾客出示礼品券、代金券或折扣券，应辨认该券的真伪（公章和签名）；礼券回收后立即在正面的右上角加划“//”代表此券已作废，同时在其背后加签收银员姓名和日期。

（3）可收受现金及公司指定有价券种类：人民币或抵用券（公司发行的有价券、代金券类）。

（4）为了免于影响正常收银及欺诈，对于顾客以纸钞兑换纸钞的要求，应予以婉言拒绝。

（5）收银员需要离开收银台时，应及时向店长或者值班店长言明去向及回来时间，并请店长或值班店长代其进行工作。如当时还有顾客等候结账，不可立即离开收银台。

（6）结束营业后，应将收银机内的所有现金、礼券、抵用券及各种单据交于出纳员，存放到保险柜及指定地点放置妥当，收银机的抽屉则不必关上，其目的在于避免夜间歹徒侵入卖场时破坏收银机。

第二节　售后服务是下次销售的开始

【案例导入】

品牌的忠诚粉丝

刘小姐是某品牌的忠实顾客，与该品牌的导购不仅像朋友更像家人，没事的时候就会到店里逛逛，甚至和导购一起吃饭逛街。为什么会这样呢？事情得从三年前说起，刘小姐一次偶然进入该品牌门店，买了一件外套，导购服务很热情，走的时候留下了她的资料，并且在闲聊中得知刘小姐三天后要去上海出差。

出门后，刘小姐收到了品牌的感谢短信，出差的前一天，刘小姐又收到了门店发过来的短信，提醒她上海的天气情况，让她带雨伞，刘小姐觉得很温暖……

慢慢的，刘小姐去店里的次数越来越多，生日的时候店里还给她定了一个蛋糕，在外打拼的刘小姐非常感动，成了该品牌的忠实粉丝。

讨论：

刘小姐为什么成为了该品牌的忠实粉丝？导购做了哪些事情来打动顾客？假如你是导购，你认为还可以做什么？

一、良好售后服务的意义

售后服务，就是在商品出售以后所提供的各种服务活动。售后服务是售后最重要的环节，售后服务已经成为企业保持或扩大市场份额的必要条件。售后服务的优劣能影响消费者的满意程度。在购买时，商品的保修、售后服务等有关规定可使顾客摆脱疑虑，下定决心购买商品。优质的售后服务是品牌经济的产物，在市场竞争激烈的今天，随着消费者维权意识的提高和消费观念的变化，消费者们不再只关注商品本身，在同类商品的质量与性能相似的情况下，更愿意选择这些拥有优质售后服务的公司。

（1）售后服务是保持顾客满意度、忠诚度的有效举措。

（2）售后服务是企业摆脱价格大战的一剂良方。

（3）良好的售后服务是下一次销售前最好的促销。良好的售后服务带来良好的口碑，带来更多的消费者，现代营销中，谁将拥有更多的消费者谁就是胜者。

（4）良好的售后服务，是名牌商品、名牌企业的素质标志。良好的售后服务是树立企业品牌和传播企业形象的重要途径，也是企业的竞争力之一！

（5）良好的售后服务本身也是盈利点。

（6）良好的售后服务可以提供决策数据，监督其他制度。

二、售后服务3315管理法则（以服装为例）

1. 3小时内感谢

（1）以短信形式感谢顾客的光临，加深顾客品牌印象！

（2）尊敬的××小姐，感谢您对×××品牌的关注与支持！我们将一如既往地期待您的再次光临。（××店×××）

2. 3天内温馨提示

（1）以短信形式提示顾客洗涤方式，让顾客感受到品牌对她的关注！

（2）温馨提示：尊敬的××小姐，您前两天在×××门店选择的×××款服饰，属于××

材质的面料，在洗涤及保养中，请注意。××需要您与我们一起用心呵护。最后，再次感谢您对××的支持。

3.15 日新品鉴赏预约

（1）以短信形式告知顾客新品上市，要求详细记录该顾客购买过的款式，新品上市，帮其找到可与已购买衣服互搭的单品。

（2）尊敬的××小姐，您好！我是××店×××。自从上次您来店已经过了半个月了。我们都很想念您。最近到了一些新款，我觉得有几个款式非常适合您，而且与您上次选择的×××款非常适搭。如果您有时间，不妨来店体验一下！××期待您的光临。

三、培养顾客的忠诚度

1. 建立顾客忠诚度的好处

（1）可以减少营销费用（争取新顾客的费用会更高）。

（2）增进交叉销售的成功率，导向一个较大的顾客占有率。

（3）赢得更多的、正面的口碑效应。

（4）减少失败的费用。

2. 建立顾客忠诚度的重要因素

（1）顾客的特殊偏好。顾客在购买商品后，多少会不自觉地评估这次交易，如果评估结果满意，就有可能重复购买，因此，提高顾客满意度是建立忠诚度的关键因素。具有高度偏好和高度购买率的顾客，可能会成为商品或服务的免费宣传者，不断地向别人推荐。

（2）商家的服务态度。培养良好的顾客关系，正确的态度和跟踪服务对培养顾客忠诚度是必要的。电脑资料库是建立顾客档案的重要工具，利用电脑资料库将现有顾客或是潜在顾客的姓名、住址、联系电话、喜好、生活习惯等各项资料储存起来，并在重要顾客资料中加注个人的其他相关情况。为顾客提供系统的、全面的、个性化的专业服务，来建立顾客忠诚度。

3. 建立顾客忠诚度的手段

（1）逢年过节的问候（卡片、小礼物、电话微信问候）。

（2）顾客生日时送礼物，比节日时隆重一些。

（3）记住顾客的名字，并能给她提供个性化的服务。

（4）季度或半年举办一些小型顾客联谊会。

（5）给予老顾客的服务优先权或其他优惠。

（6）恰当的时候能满足顾客的一些特殊要求。

（7）适时的电话联系。

四、常见的售后服务应对话术

【案例解析】

你们品牌的衣服质量这么差，买回去就开线了？是不是次品啊？

【错误应对】

（1）没有关系，这点问题不妨碍您穿它。

（2）哦，好的，那您看要怎么解决吧。

【正确话术】

（1）小姐，您买的衣服我们检查了，确实是我们商品的问题。您先稍等一下，我们会根据您的要求进行商品更换，或者如果您购买的商品没有超过一周我们可以为您退款。对于商品质量问题给您造成的不便深表歉意！（微笑）

（2）确实，现在赚钱都不容易，买一件衣服也是一笔不小的开支，如果是我们商品有质量问题，一定给您满意的答复！

【案例解析】

你们品牌的衣服买回去后感觉好难看，而且质量也差，还这么贵，我要退货！

【错误应对】

我们的衣服都是保质保量的，您一定是搞错了。现在所有物品都在涨价，一件衣服这个价格不算贵的。您再考虑下吧！

【正确话术】

是的小姐，我很理解您的心情。请您给我一点时间让我给您作个介绍好吗？我们香港品牌的风格与定位主要针对的是像您一样的优雅、有气质的女士。相信您也注意到了，其实我们公司的风格、款式与其他品牌有很大不同，我们的服饰结合当下时尚流行元素，可以彰显个性美。此外，我们公司为您提供优质的售后服务，七天无理由退换，您如果不满意，可以看看其他款式。

实操训练

1. 训练目标

通过训练能够掌握正确的门店收银流程以及顾客售后服务的基本技能。

2. 训练要求

（1）正确的门店销售服务礼仪。

（2）能够做到微笑服务并正确使用肢体语言。

（3）熟悉门店收银服务流程。

（4）售后服务的话术运用。

（5）售后服务“3315 法则”的运用。

（6）在演练过程中，有一定的临场应变能力。

3. 训练准备

（1）设计一个模拟卖场，准备销售道具和商品。

（2）准备收银款台设备、POSE 机、零钱等。

（3）以 4 ~6 人为一个小组，组内成员轮流扮演顾客和导购。

4. 训练情景

【任务一】

组内成员轮流扮演导购，完成收银准备工作、开单、收银服务流程。

【任务二】

组内成员轮流扮演导购，假定顾客身份和消费商品，编辑 3315 售后服务短信，并演练电话回访情景。

5. 训练评价（表 11 –2、表 11 –3）

表 11 –2　训练评价 1

项目名称			活动小组			
学生姓名			场景角色			
类别	考核内容	分值	自评	小组评价	教师评价	得分
实操评价	服务礼仪规范是否到位	20				
	销售状态是否自信、热情	20				
	收银前的准备工作是否充分	20				
	收银流程和话术是否正确	20				
	演练过程中，是否有临场应变能力	20				
	总分	100				

表 11－3　训练评价 2

<table>
<tr><td>项目名称</td><td colspan="2"></td><td>活动小组</td><td colspan="4"></td></tr>
<tr><td>学生姓名</td><td colspan="2"></td><td>场景角色</td><td colspan="4"></td></tr>
<tr><td>类别</td><td>考核内容</td><td>分值</td><td>自评</td><td>小组评价</td><td>教师评价</td><td>得分</td></tr>
<tr><td rowspan="5">实操评价</td><td>服务礼仪规范是否到位</td><td>20</td><td></td><td></td><td></td><td></td></tr>
<tr><td>销售状态是否自信、热情</td><td>20</td><td></td><td></td><td></td><td></td></tr>
<tr><td>“3315”短信编辑是否能打动顾客</td><td>20</td><td></td><td></td><td></td><td></td></tr>
<tr><td>售后回访话术是否正确</td><td>20</td><td></td><td></td><td></td><td></td></tr>
<tr><td>演练过程中，是否有临场应变能力</td><td>20</td><td></td><td></td><td></td><td></td></tr>
<tr><td></td><td>总分</td><td>100</td><td></td><td></td><td></td><td></td></tr>
</table>

附录　行为风格自我测试

该测试是用来了解你在日常生活中是如何与人交往和相互影响的。它的目的是帮助你准确地了解自己的风格。

对每一组的描述，你需要在两个选项（A 和 B）中进行比较后打出分数，并按照“打分说明”给每一项描述打分。

（请注意：你的答案是基于你平时真正的行为表现，而不是你认为你应该有的表现，所以根据生活中的真实情况来打分。）

1. 打分说明

（1）如果 A 项描述是你非常典型的特征，B 项描述完全不是你的典型特征，请在 A 旁边的横线上填写 3，在 B 旁边的横线上填写 0。

（2）相对而言，如果 A 项描述比 B 项描述更符合你的特征，在 A 旁边的横线上填写 2，在 B 旁边的横线上填写 1。

（3）相对而言，如果 B 项描述比 A 项描述更符合你的特征，在 B 旁边的横线上填写 2，在 A 旁边的横线上填写 1。

（4）如果 B 项描述是你非常典型的特征，A 项描述完全不是你的典型特征，请在 B 旁边的横线上填写 3，在 A 旁边的横线上填写 0。

2. 开始测试

1A——我通常都是坦诚地去了解别人，和他们建立关系。

1B——我通常不是坦诚地去了解别人，和他们建立关系。

2A——我的反应通常很缓慢，需要考虑一下才做出反应。

2B——我的反应通常很快速，我能自发地就做出反应。

3A——我通常不愿意别人占用我的时间。

3B——我通常愿意别人占用我的时间。

4A——我通常在社交场合主动介绍自己。

4B——我通常在社交场合等待别人来介绍自己。

5A——我通常将我的谈话集中在大家感兴趣的内容上，即使这意味着谈话偏离了手头的生意或主题。

5B——我通常将我的谈话内容集中在手头的工作任务、问题、生意上。

6A——我通常不是马上能得出结论，我对他人缓慢的步调非常耐心。

6B——我通常很果断，对缓慢的步调没有耐心。

7A——我通常依靠事实或证据来做决策。

7B——我通常依靠感情、经验和关系来做决策。

8A——我通常将时间和精力放在团体交流上。

8B——我通常不把时间和精力放在团体交流上。

9A——我通常喜欢和别人一起工作，可能的情况下提供支持。

9B——我通常喜欢独立工作或就别人如何介入规定条件。

10A——我通常试探性地或间接地提问或谈话。

10B——我通常进行有力的陈述或直接地表达意见。

11A——我通常主要关注想法、概念或结果。

11B——我通常主要关注人、相互关系和感情。

12A——我通常使用手势、面部表情和语调、声调来强调重点。

12B——我通常不使用手势、面部表情和语调、声调来强调重点。

13A——我通常能接受别人的观点（想法、感情和关心）。

13B——我通常不能接受别人的观点（想法、感情和关心）

14A——我通常以小心翼翼的或预测性的眼光看待冒险和改变。

14B——我通常以动态的或不可预测性的眼光看待冒险和改变。

15A——我通常喜欢隐藏个人情感和思想，只有在愿意的情况下才会和别人分享。

15B——我发现与别人一起分享或讨论自己的感情是很自然和容易的事情。

16A——我通常寻找出一种新的或不同的经验和状况。

16B——我通常选择自己知道的或相似的状况和关系。

17A——我通常对别人的事务、利益和关注点做出反应。

17B——我通常只关心自己的事务、利益和关注点。

18A——我通常缓慢地、间接地对冲突做出反应。

18B——我通常快速地、直接地对冲突做出反应。

3. 分数统计（附表1）

在所有项目测试完成后，请对照下面的表格，将表格中每一项转换成分数，最后统计每一列的总分。（请注意：有时候“A”答案先出现，有时候“B”答案先出现，请仔细核对）

附表1　分数统计

O（开放的）		S（自足的）		D（直接的）		I（间接的）	
1A		1B		2B		2A	
3B		3A		4A		4B	
5A		5B		6B		6A	

续表

O（开放的）		S（自足的）		D（直接的）		I（间接的）	
7B		7A		8A		8B	
9A		9B		10B		10A	
11B		11A		12A		12B	
13A		13B		14B		14A	
15B		15A		16A		16B	
17A		17B		18B		18A	
O（总计）		S（总计）		D（总计）		I（总计）	

比较O和S的分数。哪一个更高？将分数高的填写在下面的横线上，并圈出相应的字母O（开放的）或S（自足的）。比较D和I的分数，哪一个更高？将分数高的填写在下面的横线上，并圈出相应的字母D（直接的）或I（间接的）。得出您的风格特征（附表2）：

O+D=社交型；O+I=关系型；S+D=指导型；S+I=思考型。

附表2　类型

社交型（O+D）	指导型（S+D）	关系型（O+I）	思考型（S+I）
孔雀	老虎	熊猫	猫头鹰